JN209921

井端弘和の遊撃手「超」専門講座

Professional Shortstop

元中日、巨人
井端弘和／著

ベースボール・マガジン社

はじめに

ショートというポジションは、野手の王様だと思っている。周りにいるのが先輩だろうが後輩だろうが関係なく、「オレが全部仕切ってやる」くらいのつもりでショートがグイグイと引っ張っていき、その姿にチームがついていく。そういうポジションだと思う。

攻撃の中心と言えば四番打者だが、守備においてはキャッチャーがグラウンド内における監督であり、“守りの四番”の役割を果たすのがショートと言えるだろう。

だからこそ、ショートを守る選手は責任感を持たなければならない。試合の序盤にショートがエラーをしたら周囲には少なからず動揺が走るし、ショートを固定できないチームはなかなかいい成績を残せない。
　実際、近年のプロ野球を見ても、ショートをしっかりと固定できているチームは成績が安定している。２０００年代に２度のセ・リーグ３連覇を果たしている読売ジャイアンツでは坂本勇人選手が中心を担い、埼玉西武ライオンズは源田壮亮選手が加入してからチームに安定感が出てきたように感じる。

　一方で２０１９年５月、東京ヤクルトスワローズではショートの西浦直亨選手が故障で登録を抹消されると、その直後からリーグワーストの16連敗で失速。またシーズン前半、リーグ３連覇中の広島東洋カープもスタートで躓いたが、同じタイミングでショートを守る田中広輔選手が不振に喘いでいた。
　ショートというのはそれだけ大事な存在であり、ショートがコロコロ変わるようではコンスタントに結果を残すこともできない。誰が守るにしても、いつも同じ選手が守っているほうが落ち着きのある戦いができるのではないか。私はそう思う。

　ショートに求められるのはやはり、守備の安定感だ。
　もちろん、打撃面で好成績をあげるのに越したことはないし、チーム事情として「打ってもらわないと困る」という選手がショートにいるケースだってある。だから、「ショートは守りさえしっかりしていればそれでいい」とは思わない。
　ただ、ショートを守る以上、前提にあるのはまず守備を完璧にしなければならないということ。打撃力を買われて起用されるショートというのは、結果的には他のポジションに回っているケースが多いような気がする。逆にプロ野球で長年ショートとして定着している選手たちを見ると、守備力をしっかりと評価され、その後で打撃がついてきたというケースが多いのではないか。打撃力の高さが目立つ巨人の坂本選手にしたって、ショートのレギュラーとなった初年度（２００８年）は打率.２５７。まずは１年間、しっかりと守れるようにするところからスタートしている。

私は18年間のプロ野球生活でさまざまなポジションを経験したが、やはりショートを守るときにはとにかく神経を使った。少しずつ慣れていくと打撃のことを考える余裕が出てきたり、また打撃への興味も持ち始めて本格的に取り組んでいくようにはなったが、それでも守備を疎かにしてまで打撃を重視しようとは思わなかった。そこにこだわりを持ち続けたからこそ、ショートとして定着することができたのかもしれない。

そんな私の経験をもとにしながら、ショートというポジションの奥深さを知ってもらおうというのが本書のコンセプト。

読み進めていく中で、少しでもショートの魅力を感じていただけると非常に嬉しいと思う。

井端弘和の
遊撃手
「超」専門講座
Professional Shortstop

目次

第3章　守備の基本

第4章　さまざまなプレーへの対応

第5章　ポジショニングと対応力

第6章　遊撃手の感性

写真／矢野寿明、ベースボール・マガジン社
装丁・デザイン／貝原秀哉、イエロースパー
撮影協力／ＮＴＴ東日本硬式野球部
編集協力／中里浩章

第1章

遊撃手の特性と感覚

ショートへの挑戦

★自由気ままに目いっぱい動くことができる

私がショートを初めて守ったのは、堀越高校1年のときだ。小・中学生時代は基本的にピッチャー。内野だとサードを守ったことはあったが、当時は“飛んできた打球をただ捕って投げる”といった感覚で、動き方などもよく分かっていなかった。

そもそもショートに移ったのも、入学してからの自分の立ち位置を見て、何となく「ピッチャーでは無理そうだな」と感じたから。そこで周りを見渡すと、セカンドにもサードにも外野にも同級生がいたが、ショートには1人もいなかった。

「じゃあ、ちょっと行ってみようかな」

そんな軽いノリでショートに挑戦した。

ただ、今にして思えば、ショートというポジションは意外と自分に合っていたように思う。ショートが任されるスペースというのは広く、だからこそ自由気ままに目いっぱい動くことができる。打球もたくさん飛んでくるし、また打球を処理する以外にもやることが多いので、物足りなさは感じなかった。

そして、知らないことばかりだったからこそ、のめり込んだ。

高校時代の監督は桑原秀範さん。かつては広島商業を甲子園準優勝（1982年夏）などにも導いている方で、捕り方や投げ方がどうこうとか、技術的に細かく教えてもらうようなことはあまりなかったけれども、ノックを打つのが上手くて、練習では守備を徹底的に行っていた。

私の記憶としては打つ練習などせず、とにかくひたすらノックを受けていたイメージ。そこでいろいろな打球を打ってもらったことが、内野守備の基礎として体に染み付いたのだと思う。

　自分としても、逆に“素人”だったから良かったのかもしれない。少しでもショートの経験があったら、どこかに固定観念を抱いていた可能性もある。だが、実際は何も分からずに一から始めたわけだから、そもそもどこのレベルに達すれば完成の域に入るのかも想像がつかない。

▲中学時代まではピッチャーで、堀越高校に入学してからショートを守った。写真は 1993 年夏の甲子園出場時

高校1年時には、3年生に上手いショートの人がいた。1年生から見た3年生というのは力の差が歴然としている。最初はその人に教わりながら、とにかく守備を鍛えてチームに迷惑をかけないように、との一心でずっと守備練習をしていた。かと言って自分が3年生になっても、果たしてその先輩のレベルに達していたかというのは分からない。自分で限度が分からないからこそ、高校でも大学でもプロでも、守備の技術を突き詰めようという気持ちを忘れずにいられたのだと思う。

大学は亜細亜大学に進学した。

最初はショートを守っていたが、1か月ほどでセカンドに回された。と言うのも、それまでショートのレギュラーだった人がセカンドにコンバートしたのだが、なかなか上手くいかなかったからだ。

決して降格したわけではないのだけれども、どこか降格になったような気分になった。セカンドを守っている人たちには失礼かもしれないが、正直、物足りなさがあった。もちろんセカンドを守るのも初めてだったし、やっていく中で魅力も感じることはできた。それでもやはり「ショートのほうが難しいな」と。

当時はまだプロ入りなども意識していなかったが、上の世界で野球を続けていくにしても、まず関係者の目につくのは守備であればショートやキャッチャー。二遊間を同等に見られることはあったとしても、一般的に「セカンドがショートよりも上手いということはないだろう」という見方はされると思う。

結局、大学での4年間は基本的にセカンドを守りつつ、守備位置をあちこち代えられる経験もした。亜細亜大学は、守備にこだわりを持つチームという印象が強いと思う。自分の中では「エラーをしない選手が上手い」という解釈をしていたから、決まった形を徹底するというよりはできるだけ実戦に即した形で守っていた。その点では、チームが求める守備を私が実践できていたのかは分からない。ただ、当時の内田俊雄監督（現・拓殖大監督）や生田勉コーチ（現・亜細亜大監督）から守備に関して指摘されたことは一度もなかったから、間違ってはいなかったのだと思う。

▲亜細亜大学では主にセカンドを守り経験を積んだ

★ショートとセカンドは“時間”が違う

さて、こうして私はショートとセカンドを経験したわけだが、大きな違いとして感じたのはプレーに与えられる“時間”だ。

単純に打者を一塁でアウトにすることを考えた場合、セカンドは投げる距離が短い分、時間に余裕がある。最悪、体で何とか止めてボールを地面に落とし、それを拾って投げてもアウトにできる可能性は十分にある。鋭い出足も必要ないし、捕ってから投げるまで急ぐ必要もない。むしろ打球のところへ早く入りすぎると、送球を受けてくれるファーストがまだ一塁ベースに入っていないことも考えられる。

そうかと言って、ボールを捕った状態で待っているとスローイングのリズムも悪くなってしまう。だから、捕ってから投げるまでのリズムは一定にしておいて、あとは捕球のタイミングを少し遅らせてちょうどいい時間まで待てばいい。そんな感覚なので、セカンドを守るときは気持ちがすごく楽だった。

逆に、ショートには時間の余裕がない。

一塁まで投げる距離も長く、たとえ正面のゴロであってもグラブからボールがこぼれたり、ボールの持ち替えに手間取ったりと、ちょっとしたミスがあるだけでセーフになってしまう。ステップを1つ多く踏んで体勢を立て直して投げる、というのも許されない。まして三遊間の打球などであれば間一髪のタイミングになることも多く、ごまかしが利かない。それぞれの打球に対して、いかに完璧な対応ができるか。ショートはプレーの正確性とスピードが求められるポジションと言える。

ただ、だからこそ何も気にせず、目いっぱい打球を追いかけて目いっぱいボールを投げることができた。ノーミスでプレーしなければアウトが取れない。それだけに、やりがいのあるポジションでもあると思う。

プロのショート

★基本練習の反復でムダを省いていく

１９９７年秋、中日ドラゴンズからドラフト指名を受けてプロ野球選手となった。入団当時はセカンドを守っていたが、たしか二軍戦に出ていた１年目の５～６月あたりだったか。二軍にショートがいなくなったため、私がショートのポジションに就くことになった。

もちろん突然のことだったから、試合の中で「こんな感じだったよな」と、昔の記憶を思い起こしていくしかなかった。ただ、そこで同時に気持ちが若返ったというか、「やっぱりショートは面白いな」という感覚が芽生えたのも事実だ。

そこから本格的にショートをやるようになったわけだが、プロの世界ではアマチュア野球との違いも感じた。

たとえば高校野球というのはトーナメント戦だから、公式戦は短期間で行われる。また大学野球のリーグ戦も、２～３試合を戦ったら次の試合まで１～２週間は空く。少ない試合数にピークを合わせていくものだから、調整を失敗しない限り、基本的には体が万全の状態で臨むことができる。

一方、プロ野球は年間１４０試合以上を戦わなければならず、ほぼ毎日試合がある。そんな中、常に目いっぱい動いていたら疲れがどんどん溜まっていき、どこかで必ず壊れてしまう。アマチュア時代にいくら見栄えのいい守備をするショートであったとしても、プロの世界で年間通してレギュラーとして戦えるかというのは別。いくら足が動かなくたって、打球を捕ってしっかり投げてアウトにしなければならない。

一年を通して戦える守備を身につけるために、プロの世界では守備の基本練習を徹底する。それこそ、素人が教わるようなことをしつこく何度も繰り返す。正直、最初のうちは「どうしてやるんだろう」と思っていた。プロのレベルでは当然、みんなが基本動作を身につけているものだと思ったからだ。

ただ、それを続けていくうちに、基本練習の反復によってムダな動きをできるだけ削いでいくことが大事なのだと気がついた。疲れて体が思うように動かなくなったときでも、基本さえ押さえておけば大丈夫。年を追うごとに、そういうシンプルな守備を目指していった。

プロ野球選手は一見、派手なプレーばかりをしているようにも見えるかもしれないが、技術的にはむしろ基本により忠実だと思う。

◀中日に入団し、キャンプでは基礎を徹底して練習した

★名手たちの共通するポイント

私が入団する以前、中日は「ショートが手薄になっている」という触れ込みのチームだった。

しかし、いざ入団するとショートの人材が一気に増えていた。種田仁さんや鳥越裕介さん、神野純一さん。ここに阪神タイガースから久慈照嘉さん、千葉ロッテマリーンズから南渕時高さん、さらに韓国球界から李鍾範が加入したほか、二軍にも市原圭さん、年下でも荒木雅博や森野将彦がいた。そして李が外野に回った翌１９９９年には福留孝介が入団。これだけの選手がいたわけだから、勉強になった部分も大いにある。

特に参考にしていたのは、久慈さんや鳥越さんだ。

私が二軍でセカンドを守っていたとき、ショートにいたのは鳥越さんだった。当然、ゲッツーなど二遊間のコンビプレーもあったわけだが、あれだけ身長が大きい中でも身のこなしが洗練されていて、「うまいなぁ」と思いながら見ていた。

一軍に上がったときやシーズン後の秋季キャンプ、また２年目の春季キャンプなどでは、久慈さんのプレーを見ることができた。いったいどうやって持ち替えたのかというくらい、素早く流れるような動きに目を奪われた。そして「ああいう領域に行くのはまだまだ先の話かな」とも思いつつ、久慈さんや鳥越さんの姿をイメージしながらプレーするようになった。

名手たちの守備には、共通するポイントがあった。

簡単に言うと、当時の私のプレーなどはとにかく打球を一生懸命に追って、ただ捕って投げるだけ。一方、久慈さんや鳥越さんのプレーというのは、捕球する前の時点ですでに投げやすい体勢でいるなど、「この打球ならこういう入り方」というものが確立されているように見えた。

そして何より、どんな打球を処理するときもリズムが一定に見えた。つまり、捕球姿勢やグラブを出すタイミングというのは、基本的には打球に応じて変えるものではないということ。「ここに来たらこう構えて待っていればいい」という感覚が、常にバチッと合っているような印象を受けた。

そこにすごさを感じていたから、私も現役時代にはリズムを重視していた。特に大事なのは、捕球姿勢に入るタイミング。構えるのが早すぎたり遅すぎたりすると、バランスを崩してミスが起こりやすい。

これが1球ごとにバラバラな選手は安定感がなく、見ていても守備がバタバタしている印象を与えてしまう。

これは、実はバッターにも同じことが言える。

ピッチャーが足を上げてステップするタイミングに合わせて、しっかりトップを作れるかどうか。よく打つ打者というのは準備が早く、ボールが速かろうが遅かろうが一定のタイミングでトップを作って待っている。だから、自分のヒッティングポイントまでしっかりと引きつけることができる。逆にトップを作るタイミングが1球ずつ違えば、ボールに当てるだけでもひと苦労。当然、コンスタントに打つことはできないだろう。

守備における“トップ”をしっかりと持っていて、さまざまな打球に対してタイミングよく合わせられるかどうか。そこが守備の上手さなのだと思う。

ゴロ捕球の感覚

★捕ってから投げるまでのリズムが重要

ゴロ捕球における指導として、「足を動かせ」という言葉をよく聞く。特にショートの場合は広いスペースを守らなければならないため、「出足が大事だ」とも言われる。

だが、私は「足を動かそう」とは意識していなかったし、むしろ出足は基本的に必要ないんじゃないかと思っている。

どういうことか。打球というのはスピードが速かろうが遅かろうが、こっちに向かって飛んでくるものだ。それに対し、こちらがスペースを詰めようとして鋭い出足で前に出て行ったら、間違いなくボールと衝突してしまう。勢いよく衝突すれば当然、ミスも起こりやすくなる。

もちろん、詰まったボテボテのゴロなどに対しては、普通に処理していたら間に合わないので前へ出る必要があるだろう。

ただ、前に出ていきながら捕ることを基本としてしまったら、捕ってから投げるまでの動きが窮屈になり、いったん体勢を切り替える時間が必要になる。

ではどうすればいいのかと言うと、ボールはこちらにやってくるのだから、捕球姿勢を整えて待っておけばいい。

私はゴロに対しては、打球への入り方と捕ってから投げるまでのリズムを重視していた。ショートを守る際であっても、打者がパーンと打ったら、前に出るのはせいぜい１～２歩程度。あとは体勢を微調整しながら早めにグラブを出して捕球姿勢を作り、投げるまでの動作をイメージして待っておけばいい。そうすれば捕球後もリズム良くスローイングへ移ることができる。

もし間に合わずに一塁でセーフになってしまったとしても、そこで初めて「これで間に合わないのであれば、もう少し打球に対して詰めたほうがいいな」という発想が生まれる。

★小学生低学年には「一歩も前に出るな！」

少年野球の現場などでは、指導者が「打者が打ったら前に出てこい」とアドバイスするケースが多いと聞く。しかし、そうやって出足を重視して打球との距離を詰める作業を先にやってしまうと、捕ることも投げることも難しくなり、なかなか守備のリズムも覚えられない。

内野ゴロはあくまでも、捕ったあとに投げなければならないもの。ファーストがその送球を捕って、審判が「アウト！」とコールした時点でようやくプレーが完了するのだ。

私が子どもたちにゴロ捕球の指導をするとしたら、まず小学校低学年の子たちには「一歩も前に出るな」と言う。

こちらがノックを打ちながら、「その付近でボールが来るのを待って、バウンドを合わせて捕って、リズム良く投げなさい」と。たとえばそれを小学１～２年生時にずっと続けて、捕ってから投げるまでのリズムを体に染み込ませておく。そして、３年生になったら「じゃあ次はこちらが打った瞬間に１歩だけ出てみよう」。４年生になったら「今度は２歩出てみよう」。さらに５年生になったら３歩、６年生になったら４歩……。それだけできれば、もう十分だ。

逆に普段から「とにかく10歩前へ出ろ」と言っておいて、「じゃあ次は９歩でいいから最後の１歩で打球に合わせて調整しなさい」と言ったところで、ブレーキが必要になるからリズムの良さは生まれない。それに、もし途中でバウンドが変わったとしたら頭が突っ込んだ状態になってしまい、粘って捕ることもできないだろう。

繰り返しになるが、やはり守備のリズムが分かっていない選手に対して先に「前へ出ろ」と言ってしまうと、捕ることはいつまで経っても上手くならない。

★ノックをたくさん受けて体内時計を身につける

プロの世界を見てみても、若手の野手などにはよく、打者が打った瞬間にすぐガーッと前へ詰めていこうとする選手がいる。アマチュア時代にそういう意識を刷り込まれてきたのかもしれない。

しかし、打球が来るのはあくまでも打者が打ってから。そして、どんなに足の速い打者であっても、打つ前にスタートすることはない。打者のインパクトの瞬間から一塁に到達するまでのタイムは４秒前後と言われ、３秒台後半になると俊足の部類に入るので、内野手は基本的に４秒以内（３秒台後半）でプレーを完了させればアウトを取れる、ということになる。

つまり、４秒以内という時間が与えられているのだから、わざわざリスクを冒して１秒や２秒でアウトにしようとする必要はないのだ。

それをやってしまうということは、実際に打者をアウトにするためのリズムが分かっていないということ。ノックなどを含めて、打球を受ける本数そのものがまだ足りていないのだろう。

「この打球で打者の足の速さがこれくらいだったら、これくらいの時間でプレーすればアウトになるな」。どんな打球においてもその感覚を把握できている選手になってこそ、初めて“４秒以内でアウトにできる守備”が実現できる。

ショートであれば、たとえばバットがグシャッとなってボテボテッと転がってきた打球などに対しては当然、目いっぱい前へ出てこなければならない。ただ、その中でも「これはちょっと打球が弱いけどこれくらいで大丈夫だろう」という場合もある。

また、強い打球でも少し前へ詰めるケースもあれば、「これはまったく出る必要がない。むしろ下がってもいいくらいだ」というケースだってある。そういうものが分かる領域に来るまでノックを受けていないから、「とりあえず全部前に出てみたけど意外と余裕だった」ということになってしまう。

内野ゴロの打球処理において、体内時計のようなものはすごく大事だと思う。そもそも守備というのは「対打者」や「対走者」であり、時間との勝負だ。体内時計さえ身につけておけば、あとはその感覚の中でできるだけリズム良くプレーすれば良い。出足の鋭さというのはあくまでも引き出しの一つであって、打者の足の速さや打球の強弱、また打者の打ち終わり——詰まったのであればスタートがワンテンポ遅くなり、泳いだのであれば走り打ちのようになってスタートが早くなる、といった状況を判断して使い分ければいい。

むしろ、「前へ出る」だけでなく「後ろへ下がる」という選択肢も持っておいてほしい。「打球に対して下がってはいけない」というイメージを持っている人は多いかもしれないが、そんなことはない。アウトになるのであれば深い位置で捕って投げたっていいわけで、バウンドを合わせるためにあえて左足を下げ、その代わり捕ったらすぐ投げる。無理に前に出るよりも、そういう処理をしたほうがリズムが良くなるケースだってある。

もちろんスローイングにしたって、毎回のように目いっぱい投げる必要はない。約4秒という時間の中でリズム良く捕り、結果的に一塁へ間に合うようにリズム良く投げればいいだけの話。「これは全力で投げなければ間に合わない」というときだけ、目いっぱい投げればいいのだ。

現実にはそのさじ加減が分からず、常に「対打球」で守備のことを考えてしまう選手が多い。だから、打者がまだあまり進んでいないのにもかかわらず余裕がなく、急いで投げてスローイングミス、ということが起こりやすいのではないかと思う。

体内時計を身につけるためには、ノックや打撃練習などで打球を受けることはもちろんだが、実戦の中でいろいろな打者と対戦することが大切だ。その中で先述した打者の打ち終わりの姿勢はしっかり見ておくし、捕球姿勢に入ったときにはボールに集中しながらも打者が走っている姿を視界にとらえる。そうやって実際のスピード感を養っていかなければ、練習では上手くこなせても実戦では対応できない。

たとえば同じ左打者でも、ガツンと右方向に強い打球を飛ばすタイプもいれば、元・阪神の赤星憲広選手やヤクルトの青木宣親選手のように、ショート方面へ上手くゴロを転がしてくるタイプもいる。足も速く、一塁により近い左打者でもあるので、こちらも目いっぱい動いて投げないと間に合わない。

とは言え、前進守備を敷いてヒットゾーンを広げてしまうのもまたリスクが大きい。だから、そういう打者を相手にするときにはハッキリと「打球と衝突しても構わない」と割り切っていた。

ただ、それはあくまでも彼らとの対戦を重ね、アウトにする方法を考えて辿り着いた結論。私の根本にはやはり「１歩出たらあとは微調整」というイメージがある。

▲ショートは約４秒という時間の中でリズム良く捕り、結果的に一塁へ間に合うように投げればいい

第2章

打球処理の技術

ショートゴロの奥行きに対応する

★捕球姿勢に入るタイミングを一定にする

ショートゴロの難しさは、簡単に言ってしまえば“奥行き”だと思う。

まず単純に打席からの距離を比較すると、ファーストやサードまでの距離と、セカンドやショートまでの距離とでは、後者のほうが長い。距離があるということはそれだけバウンドの数も多くなり、打球の種類も増えるということ。

当然、バウンド数が多くなるほど変な跳ね方をする確率も高まるし、合わせるのも難しい。それでもセカンドならば時間に余裕があり、「とりあえず捕ってしまえば何とかなる」という感覚でいられるが、ショートの場合は時間に余裕がないため、捕ってから投げるまでもムダなく完璧にこなさなければならない。

ちなみにファーストやサードへ飛ぶ打球というのは、たいていは２バウンドくらいで打球が自分のところへ到達してしまうから、バウンドを合わせることは少ない。どちらかと言えば反応勝負のような部分もあり、「あの打球なら仕方ない」と割り切れるほど痛烈な打球や特殊なイレギュラーバウンドも多い。

ヤクルトで名手として知られたあの宮本慎也さん（現ヤクルトヘッドコーチ）でさえ、ショートからサードに移って２ケタ失策をしたくらいだから、ショートとサードの打球の質は別物なのだと思う（１９９７年から13年連続で１ケタ失策だったが、サード転向２年目の２０１０年に12失策を記録）。

実際、私もプロ入りしてサードを守ったこともあるが、「足を動かすよりも打球に反応するポジションなんだな」と気付かされた。

重要なのはグラブさばきと、バウンドが合わなかったときにいかに我慢できるか。ボールがグラブにさえ収まってしまえば、あとはそこから足をしっかり使ってステップして投げればいい。そして逆に時間の余裕がないときなどは、グラブを前にパーンと出していきながら思い切って勝負すればいい。

★近距離ノックから捕球姿勢に入るタイミングをつかむ

さて、ショートの話に戻るが、奥行きに対応するためにはバウンドを合わせる作業がカギとなる。ではバウンドを合わせるためにはどうすればいいかと言うと、まずは捕球姿勢に入るタイミングを一定にすることが重要だ。

その方法として、私は巨人のコーチを務めていたとき（２０１６年～２０１８年）にこんな練習を行った。

まず選手たちをショートの定位置に集め、私がピッチャーマウンド後方のショート寄りの位置からノックを打つ。このときはノッカーとの距離が10メートルほどと短いので、選手たちはその場を動かず、最初から捕球姿勢で構えて打球を処理することになる。

それを繰り返していくうちに、今度は選手たちに「ずっとそのポジションにいなさい」と指示を出して、私だけ少しずつ打席のほうへと下がっていきながらノックの距離を伸ばしていく。そうすると、「最初から構えていなければ捕れない」と思っていたのが、だんだん「１歩前に出て距離を詰めたい」と思うようになるだろう。

そう思ったタイミングでこちらへ伝えるように言っておき、「１歩出たいです」「じゃあ１歩出ていいよ」と。さらに私が下がっていくと、「２歩出たいです」「じゃあ２歩出ていいよ」。選手たちから要請があったタイミングでは必ず、私がいる位置にラインを引いておく。

これで何が分かるのかと言うと、「1歩出たい」というタイミングで引かれた1つ目のラインよりも打球が手前に来なければ、打球に対して1歩詰める余裕があるということ。また、「2歩出たい」というタイミングで引かれた2つ目のラインよりも打球が手前に来なければ、同様に2歩詰められる。

逆に言うと、1つ目のラインを打球が通り過ぎた段階では捕球姿勢に入って準備をしていなければならないのだ。1つ目のラインはだいたい、私がマウンドを通過するかどうかという位置で引くことが多い。

そうやって逆算して考えると、「打球がマウンドに差しかかって通過する前には捕球姿勢に入って準備。それまでの間なら足を使ってボールとの距離を詰められる」という判断ができる。いきなり打席の近くから打たれたノックを受けたところで、捕球姿勢に入るタイミングは1球ごとにバラバラになりやすいが、こうやって近い位置から段階を踏んでノックを受けていけば、分かりやすい基準が生まれてリズムが一定になりやすい。

★右足に体重が乗っているのを感じながらスローイング

捕球姿勢に入るタイミングが分かれば、あとは打球の強弱などに合わせて微調整をすればいい。そして、捕りやすいバウンドに体を持っていけるかどうか。気持ちいいリズムで捕って投げられるバウンドというのは数を受けていくうちに分かってくるものだが、言葉で言うとすれば、ボールの落ち際（地面に着く直前）か、上がりっぱなのショートバウンド（地面に着いた直後）が基本となる。

では、微調整をするためには何がポイントか。簡単に言えば「フットワーク」のひと言で済まされてしまうが、もっと具体的に説明すると、後ろの足（右足）に体重を残しながら前の足（左足）で舵を取ることが重要だ。

そのためにはまず、捕球姿勢に入る直前に右足でしっかりと踏み込むこと。捕球姿勢に入る際は右足、左足の順番で足を開いて腰を落としていく。そのリズムが一定ということは、来た打球に対して右足が入るタイミングが見えているということでもある。右足で合わせて、体重をしっかり乗せておいて、左足を着きながら微調整。そんな感覚だ。

右足の踏み込みが浅いと、すぐ左足へ体重が移動して頭が突っ込んでしまう。たとえば打撃でも右打ちの場合、まずは軸足となる右足を固めて、そこからステップする左足で舵を取るものだ。そもそも軸足にきっちり体重が乗っていなければ力は発揮できないし、軸足がポンとすぐ外れる程度ではスムーズに伝わらない。

また、仮に左足でパッと合わせることができたとしても、左足に体重が掛かった時点で頭が突っ込んだ状態になるため、スローイングに影響を及ぼしてしまうだろう。そこから体の軸を真っすぐにして素早く投げられたところで、軸足にしっかりと体重が乗っていないから正確で力強いスローイングはできない。だからと言って左足から右足へもう一度体重を戻そうとすると、ギッタンバッコンと体を煽るような動きになり、やはりバランスは崩れる。そういった動作が原因となり、ボールを引っ掛けてしまったり、もしくは引っ掛けないようにと小手先で操作してボールが抜けてしまう。これらはスローイングミスの典型的なパターンと言える。

頭が突っ込まないようにするためには、股関節の動きが重要になる。分かりやすく右→左→右とステップするから反動によって頭が動いてしまうわけで、相撲の力士のように股関節を使って右足からジワーッと出ていけば、体の軸を真っすぐにキープしつつ右側に体重を残したまま動くことができる。イメージとしては、常に右足へ体重を乗せながらスススッと移動する感覚。この右足を送り出していく動作が不十分だと腕だけで操作することになり、スローイングが不安定になってしまうわけだ。

なお、「右足を極端に体の前へ出すように」とアドバイスする人もいるが、これはあくまでも足の送り出しがまったくできない人に感覚を身につけさせるためのもの。大げさにやるくらいでちょうどいいと思うが、飛び跳ねたら右足と左足がポンポンと着地していったん左足に体重が乗ってしまうので、そこは気を付けたい。私の中

▲捕球姿勢に入るとき、しっかり右足を踏み込み腰を落としていく。そして、右足にしっかり体重が乗ったのを感じながらステップすることが大切だ

▲ボールに対して右足の踏み込みが浅いと、捕球からスローイングに移る際、頭が一塁方向へ突っ込んでしまい送球ミスにつながる

では「右（右足体重で待つ）→グーッ（股関節移動）→ポン（右足を送って着地）→投げる」くらいのイメージ。ゆっくりと股関節を使いながら、右足が体の前を通り過ぎる。そして着地し、右足に体重が乗っているのを感じながら投げる。そんなリズムが良いと思う。

★股割りトレーニングが有効

股関節の重要性にはもう1つ、バウンドが合わなかったときの微調整ができるという部分も含まれる。ハーフバウンドやイレギュラーバウンドなど、難しいバウンドで捕らなければならないケースでは、とっさの対応力が求められる。そこでモノを言うのが股関節の動きだ。

たとえばバウンドが合わず、一か八かグラブをバーンと前に出していくときでも、ただ手を動かすだけであれば軽く弾いてしまう可能性もあるが、同時に股関節をグーッと前に動かすことができれば、体も寄っていくので安定感も増す。さらに体勢をキープしたまま前へ出ることになるので、スローイングにもつなげやすい。またバウンドが突然変わったときなどは、股関節を使ってスッと距離を詰めたり、あるいは股関節でグッとタメを作って我慢したりすることで対応できる。股関節の強さと柔らかさ、そして動かし方の感覚を備えていれば、捕るポイントが少しズレても上手く修正して粘ることができるのだ。

私は現役時代、そういう打球に対応するようになって初めて「"股割り"って非常に大事だな」と気付かされた。それまでは正直、みんなが「大事だ」と言うからやっていただけであって、心の内は「ただ苦しいだけ。要は普段から柔らかくしておいて、ボールを捕るときにパッと構えられればいいんだろう」と。

しかし、"股割り"は実際にゴロを処理するときの股関節の使い方に大きく生きる。そこを実感してからは、自ら進んで取り組むようになった。股関節のトレーニングなどを嫌がる選手たちは多いだろう。だから指導者の方々はぜひ、何に生きるのかという部分まで説明して納得させてあげてほしいと思う。

▲股割りトレーニングをすることで、捕球姿勢からスローイングに移る際の、股関節の強さと柔らかさを鍛えることができる

三遊間寄りのショートゴロ

★右足に体重を乗せることが染みついていれば、力強く正確なスローイングができる

ゴロ捕球では基本的に右足体重。その感覚さえ分かっていれば、細かくステップしても右側に体重が残るので、どんな打球でもスムーズにスローイングへ移ることができる。

たとえば、三遊間へ転がったショートゴロ。よく見かけるのはバックハンドで捕ったあと、すぐに投げたいからと言って体重が右足に乗る前にフッと力を抜いてしまうケースだ。その結果、投げた感

▲三遊間へのゴロは右足にしっかり体重を乗せることができれば力強いスローイングができる

触は良くてもボールが走らずにショートバウンドやワンバウンド、あるいはシュート回転して送球のラインがずれ、最悪の場合は悪送球になってしまう。

しかし右足に体重をしっかり乗せることが染み付いていれば、ここでも力強く正確なスローイングができる。その場合、バックハンドで捕ったらパッと一塁方向を見るのではなく、捕ったあとに右足が出て、グッと体重を乗せてから体をターン。そして、投げている動作の途中で初めて一塁をチラッと見る、くらいの感覚になる。相手を見ずに投げるのは気が引けるかもしれないが、内野手なら「一塁はだいたいあの辺り」という感覚は持っていなければならないもの。体がクロスしていようが開いていようが、少々のズレで一塁へ投げられなくなるようでは務まらないと思う。

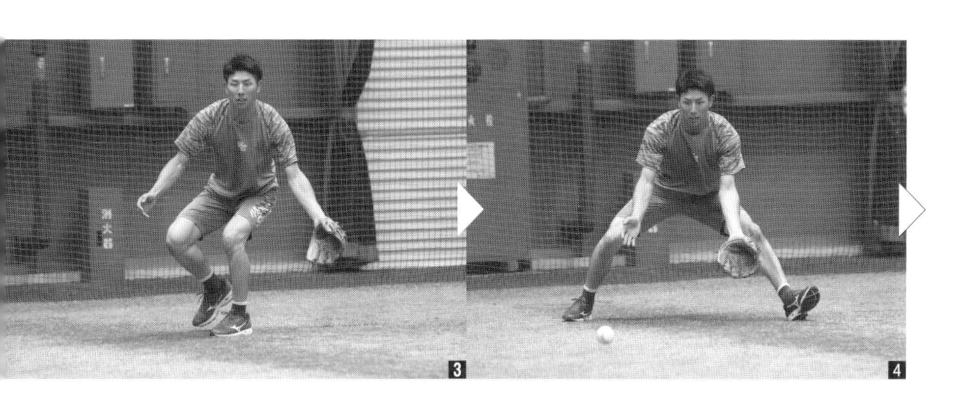

三遊間のショートゴロなどでは特に、いったん捕球したらパッと一塁を見て、「あそこだな」と狙いを定めてから投げる人が多いように思う。だが、それだと右足に体重がしっかり乗らず、リズムも悪くなる。さらに目を早めに切っているため、手元での握り替えのミスも起こりやすい。投げる前に一度相手を見たくなる気持ちも分からなくはない。ただ､そうすると「あそこに投げないといけない」というイメージも強くなりすぎる。

そもそも、相手を見るということは「見なくてもそれなりに投げられる」という自信もないわけで、余計に「少しでも逸れたらダメだ」という気にもなってしまうだろう。ところが、体のターンが始まっている段階で初めて一塁を見るのであれば、そのまま回して投げるしかないから「あそこに投げないといけない」という感覚は生まれない。捕球と送球が一連の動作としてつながり、自然とプレーが連動していくわけだ。ちなみに以前、巨人の坂本選手もこのプレーを苦手としていたので、同じようにアドバイスをしたことがある。

★体の正面の定義

捕ってから投げるまでを一連の動作として完璧にこなすためには、まず「投げるために捕る」。そして「しっかりとステップして投げる」。この2つを切り離して考え、それぞれをきっちり行うことが大切だと思う。

これをちゃんと実践していると感じるのが、メジャーリーガーたちだ。彼らの守備を見ていると、打者がカーンと打ったらすでに止まって構えていることが分かる。それだけ準備を早くし、捕ったらしっかりとステップして投げられるようにしているのだ。身体能力が高いから派手に見えるし、肩の強さばかりがクローズアップされることも多いが、私は彼らのほうが日本人の内野手よりも基本に忠実だと思う。

日本は一連の動作で流れるようにプレーするのが良いという風潮

にあるが、逆に小手先の動きでごまかしてやや雑になっている部分を感じることもある。

さらにメジャーリーガーたちを見て勉強になるのは、無理やり打球の正面に体を入れようとすることが少ないということ。特に三遊間のショートゴロに関して言えば、よくバックハンドで捕っている。日本では子どもの頃から「打球の正面に入りなさい」と指導されることが多いが、アメリカの野球界ではおそらく「正面＝ヘソの前」という感覚が浸透しているのだろう。

私も「正面＝ヘソの前」だと思う。自分の体に対して正面、つまりヘソが向いている先にグラブがあればいいのであって、たとえば打球を体のやや右側に置き、右足を引いてバックハンドで捕ってもいいし、打球を体のやや左側に置き、左足を引いてフォアハンドで捕ってもいい。逆に打球の真正面に体を入れたからと言って、捕球する位置が体の中心からずれていたら、それは正面で捕ったことにはならない。

▲グラブ側の打球に対してもヘソを向けていれば正面

▲ヘソの向いている方向で取れば、バックハンドであっても正面となる

▲ゴロ捕球は両足とグラブで三角形を作り捕球するのが基本

ゴロ捕球では両足と両腕で三角形を作り、三角形の頂点（ヘソの前）で捕るのが基本とされている。しかし、「早く投げたい」という意識の影響で体が少し左側へ移動し、体の中心よりも少し右側にずれた位置で捕球してしまうケースなどはよく見る。そうならないために私は練習のとき、あえてやや右足寄りで打球を捕るように意識していた。

それはなぜか。右足寄りでボールを捕ろうとするとギリギリまで体を右側に残さなければならず、左側に体重が流れることがなくなる。この感覚で試合に臨めば、実際にはやはり「左側へ投げたい」という意識が少し影響するので、ちょうどヘソの前で捕ることになる。さらに、普段から体重が右足に乗る感覚を得られているので、スローイングにもつなげやすい。三遊間のショートゴロなどは特にそうだ。

ましてや、二塁へ送球してゲッツーを狙う状況であれば送球の強さも必要なく、体のやや右側で捕ってそのまま投げてしまったほうが持ち替えの時間も少なく済むので手っ取り早い。逆に体の中心や左足寄りで捕ると、そこから両腕を右側へ持っていってテークバックを取るまでに時間が掛かる。だから私の中では、右足の前とは言わないまでも、打球は少し右足寄りで捕るくらいがちょうどいいという感覚がある。

▲体のやや右側で捕球すると二塁への送球などの際、素早く送球できる

二遊間寄りのショートゴロ

★最後の１歩で打球の正面に入る

先ほどは三遊間の打球について話をしたが、では二遊間へ転がったショートゴロの場合はどうするか。私のイメージとしては極力、ギリギリまで打球の軌道に体を入れないようにしていた。

二遊間寄りにゴロが転がったとき、ショートは左側へ移動して、そのままの流れで一塁方向へ送球するもの。打球の軌道へ早めに体を入れるということは、打球と正対して捕球姿勢で待っている時間が長くなりすぎる可能性もあるわけで、捕るときにはどうしても我慢できずに体が一塁方向へ行きたがってしまう。これではバウンドが合わなかったときの微調整もできないし、その後のスローイングのバランスも崩れやすい。

したがって、打球の軌道の少し右側からバウンドを合わせておいて、最後の１歩、捕球姿勢に入る直前の「右→左」でポンと打球の正面に入っていき、その流れで捕って投げる。だからと言って、決して「打球の手前で止まって待っている」というイメージはなく、「最後の１歩で正面に入れるようなタイミングに合わせて動く」という表現が正しいだろう。そして捕球姿勢に入ったらもちろん、右足に体重を乗せて我慢することも大事だ。

▲打球に早く入りすぎるとバウンドに対しての微調整ができなくなるため、最後の１歩で正面に入るタイミングで捕球姿勢に入る

私もそうだったが、ショートを守る選手はわりと、三遊間のゴロよりも二遊間のゴロを苦手としていることが多いように思う。前者であれば時間に余裕がないため、そもそもバウンドを合わせる以前に目いっぱい動いていくことが前提になる。
だが後者は時間に余裕があるため、バウンドを上手く合わせようという考えがはたらく。なおかつ打球の軌道にも入りやすいので、逆に右足のブレーキのさじ加減が難しくなる。
さらに内野が芝生の球場の場合だと、二遊間寄りのゴロというのは二塁ベース付近のアンツーカーも気にしなければならない。アンツーカーは硬い土なのでそもそも芝とは跳ね方が違うし、土が少しでも掘られていたらイレギュラーバウンドをする可能性も十分にあるため、アンツーカーの中に入ってくる打球に対してはなかなか思い切って捕りにいくことができない。
また、芝とアンツーカーの切れ目は変なバウンドになりやすい。できることならアンツーカーの前に出て捕るか、もしくは後ろで待って捕りたいものだが、そうなると今度は時間の調節も難しくなる。やはりどうしてもアンツーカーの中で捕らざるを得ないケースはあり、そのときにはより高い集中力が求められるのだ。

★回転スロー

二遊間のゴロ処理において、プロ野球などでは“回転スロー”をする選手をよく見る。打球が深い位置へ飛んだ場合、捕ってからいったんステップを踏んで体勢を立て直して投げるよりも、そのまま反時計回りに回転してしまったほうがスムーズであり、なおかつ強いボールを投げられる。
ただ、これは技術的にすごく難しい。ましてショートは基本的にほとんどの選手が右投げであり、スローイングの軸足は右足。左投げのショートであれば軸足（左足）でブレーキを掛けやすいので、二遊間寄りのゴロはあまり苦にならないと思うが、右投げのショートは軸足（右足）で強く蹴ってそのままパーンと回ってしまうことが多く、素早く回りすぎて投げたボールがスライダー回転になったり、あるいは体の回転に腕の振りが間に合わずシュート回転になったりと、スローイングのブレが生まれやすいのだ。

私も現役時代、回転スローは何度も行ったが、それを試合で使うためにも練習量はかなり積んでいた。早すぎず、遅すぎず、ちょうどいい回転になるように、何度も練習して軸足のブレーキのさじ加減を覚えていった。選手の中にはとっさの判断でこなせる人もいるかもしれないが、たとえ一か八かというタイミングであっても、プ

▲軸足（右足）で蹴って回転しながらも、自分のスローイングスピードと回転のスピードを加味してタイミング良くスローイングしなければならない

レーの精度は必要だ。10回のうち９回はアウトにできたとしても、残りの１回で失敗するなら、最初からやらないほうがいい。練習の段階で１００％に近い確率まで高められなかったプレーは、試合では使ってはいけない。

回転スローではもちろん、曖昧な感覚で投げているわけではない。回転しているときには「自分は今こういう状態でこの方向を向いている」という感覚があるし、頭の中でのイメージと実際の動きは一致していなければならない。言ってみれば、常にもう一人の自分が外から見ていて、自分の動きを客観的にとらえているという感じだ。

さまざまなスローイングの選択肢

★捕球した段階でスローイングの種類を選択する

先ほどの回転スローもそうだが、守備ではどんな体勢で捕ることになっても対応できるように、スローイングの選択肢も多く持つようにしていた。

もちろん、基本的にはしっかりステップを踏んだほうが正確に強いボールが行きやすいので、できるだけそうする努力はしていた。ただ、たとえば三遊間の深い位置へ飛んだゴロが来て「この体勢なら無理に踏ん張って体勢を立て直すより、そのままジャンピングスローをしたほうがバランス良く強い球を投げられるな」と判断する場合もある。いずれにしても大切なのは、どうやったらアウトが取れるのか。

私の場合、打者が打った瞬間から投げ方までをイメージしているわけではなく、あくまでも捕った段階での自分の体勢や走者の位置などを見て「これはそのままジャンピングスローをしよう」とか「いったんステップして投げたほうがいいな」などと判断していた。土のグラウンドでゴロを普通に処理しようとしたところ、イレギュラ

ーしてポーンと跳ねたから体勢を崩しながらも慌てて捕ってジャンピングスロー、なんてこともよくある。

そもそも最初から「こうやって投げよう」と決めていると、あまり上手くいかないことが多い。たとえば明らかに高いバウンドでボテボテの打球であれば、前に突っ込んで勝負をかける。ただ、その中でも打者走者の進み具合によっては、ランニングスローをしなければ間に合わないときもあれば、しっかりステップしてもまだ間に合うときだってあるのだ。

しかし、最初から「ランニングスローだ」と決めつけていたら、打者走者がまだ塁間の半分くらいの位置にいるのにもかかわらず焦って投げることになる。何より、ジャンピングスローやランニングスローで悪送球をするとプレーが雑に見えるし、チームの士気も下がってしまう。

なお、私の感覚としては「ジャンピングスローやランニングスローをする＝守備範囲はそこが限界」というイメージもある。自分の中には「まだ余裕がある」という想いを持っておきたいし、マウンド上の投手にも「もっと難しい打球でもまだアウトにできそうだな」という安心感を与えたい。だから極力やらないようにはしていたし、こうしたスローイングを行うのはあくまでも本当にギリギリのタイミングのときだった。

◀ランニングスローを行うのは、あくまでも本当にギリギリのタイミングのときだけ

★"アライバコンビ"と言われるプレー

技術的な話をすると、ジャンピングスローやランニングスローをしっかりと決めるためには、体の軸がブレないようにすることが大切だ。それと、普段から右足に体重を乗せる感覚があるかどうかも影響してくるのだが、体の右側に力が残っているかどうか。たとえばジャンピングスローで空中に飛び跳ねている間も、右側に力を感じていなければ強いボールは投げられない。

もっと言えば、ポイントは体幹をしっかり使うことだろう。そのひと言で片付けてしまっていいのか分からないが、飛び跳ねている最中、体幹の中でも「右→左」という移動を使い、それに伴ってお腹がキュッと引き締められていく感覚がある。体幹を使って上体を捻っているからこそ、小手先でただフワーンと投げるだけの送球にはならず、ある程度の強さの球をしっかりコントロールできるのだと思う。

スローイングの引き出しという意味では、私は中日でショートを守っていたとき、セカンドゴロを処理した荒木からグラブトスを受け、私が代わりに一塁へ投げるというプレーをよく行っていた。こちらとしては二遊間に打球が転がった際、自分が捕らないケースであっても常に荒木のトスしやすい位置に入っておけばいいという感覚。踏ん張って普通にステップして投げるか、ダイビングキャッチをしてから起き上がって投げるか、振り向きざまのジャンピングスローで投げるかはすべてセカンドが判断することであって、「この体勢だとキツイな」と思ったらトスをしてくれればいい。

ただ、荒木の選択肢を一つでも増やしておけば、アウトにできる可能性は高まる。そういう発想から生まれたプレーだ。

打球への入り方

★打球に右からふくらんで入るとロスもある

ゴロ捕球では、打球への入り方も大切な要素だ。ただ、よく「ボールの下を見ろ」とか「打球の右側から入れ」というアドバイスを耳にすることがあるが、個人的にはそんな必要もないと思う。

若い頃は私も右側から少しふくらみながら打球の軌道に入ったりと、いろいろ細かく考えていた。ただ、ベテランになるにつれて体を目いっぱい動かし続けるのが難しくなり、できるだけムダを省こうと考えるようになった。そこで思ったのが、「打球に対してふくらんで入るのは余裕があるということだから、その分だけ距離を詰めたほうがいいんじゃないか」と。

そもそも打球の軌道に対してふくらむのは、まずボールとの距離感をつかむため。もちろん最初から真正面に入ったら、距離感がつかめないから捕りにくくなるのは分かる。だが、ふくらむことを意識していると、回り込みすぎてロスしてしまうことも増える。

そこで私が辿り着いたのは、体を打球の正面に入れながらも、その軌道から顔だけヒョコッと横に外せばいいということだ。打者で考えれば、打席で同じ位置に立っていても、インコースとアウトコースの数十センチの差だけで距離感が大きく違う。ということは、ボールの軌道から少しでも目線が外れていれば、距離感は取れるものなんだと思う。

　したがって打者がカーンと打ったら、体の中心から顔だけ少し右側にずらしながらボールを見つつ、体は打球の軌道に向かって真っすぐ入っていく。もちろん、頭が突っ込んでバランスを崩したら本末転倒なので、姿勢がブレないことは大前提。この技術によってそれ以前よりも簡単に、打球との距離を詰めることができるようになった。

▲打球に対して自分の右側にふくらんで回り込むと、たしかに送球はしやすいがロスも生まれてしまう

▲打球に対して正面に入っても、首を少し自分の右側にひょいとズラすことで、打球との距離感を測ることができる

adidas

★スローイングの方向付けより、打球に直線的に入り右足体重で我慢する

もう1つ、打球の軌道に対して右側からふくらむ人が多い理由としては、左側へ動いていれば一塁方向にそのまま送球しやすい、というものが挙げられる。だが、ふくらむイメージを持っていたところで、打球が速かったらその余裕はない。むしろ、そのイメージが強すぎると捕球姿勢に入るのが遅れて、正面の打球であっても準備不足になりかねないだろう。また上手く右側からふくらんで入れたとしても、いったん右側へ体が流れてから勢いをつけて捕球姿勢に入るわけだから、反動で頭が突っ込んでしまうことも考えられる。

スローイングについては左側への方向付けをするよりも、やはり体の右側で我慢できるかどうかのほうが重要だと思う。打球に対してパッと直線的に入り、右足に体重を乗せたまま捕球姿勢を作って、準備を整えて待つ。そうすれば勢いをつけなくてもしっかりと送球の体勢に入ることができる。

また、たとえ三遊間のゴロで右側に動いていたとしても、右足にしっかり体重を乗せることさえできれば、振り向きざまに一塁へ投げることだってできる。下半身を使って右足から左足へとしっかり体重移動ができれば、勢いをつけなくても、そして上半身にほとんど力を入れなくても、ある程度強いボールが投げられるのだ。

打球の軌道に最短で入ることについては、ボールと衝突するイメージを抱かれるかもしれない。しかし、私の場合はあくまでも早めに準備をして、打球が来るのを待って捕ることが根本にある。

衝突というのは自らグラブを前に出そうとしたり、グラブを出すタイミングが遅すぎてボールの勢いを吸収できないときに起こるもの。体が前に出ていって距離を詰めたところで、最後は捕球姿勢を作って待っているのだから衝突はしない。唯一、衝突させながら捕

るケースとしては、時間の余裕がなくバックハンドで前に突っ込むときくらいだろう。
なお、三遊間寄りのゴロに対して打球の正面に入って捕るか、もしくは回り込むための１歩を省いて直線的に突っ込んでバックハンドで捕るか。
その判断は、状況に合わせて瞬間的に行っていた。最終的にはスローイングが一塁へすばやく正確に到達すれば良いのであって、捕ってからの速さや投げられるボールの強さなどを踏まえ、どちらが良いのかを選択していけばいい。

また、一打サヨナラ負けの二死二塁という場面で、三遊間を抜かれたら１点が入ってしまうというケースであれば、やや強引にでも打球の正面に入って体で止めたほうがいいのだろうし、逆に二死三塁ならば一塁をアウトにしなければどっちみちサヨナラ負け。その場合は「体で止めたからオッケー」とはならないので、一か八かでもバックハンドで突っ込まざるを得ないかもしれない。
そこでもわざわざ正面に入るようでは、まだまだ捕ることだけに必死な段階にいるということだ。若いうちであればとにかく足を使って動き、少々ボールと衝突したとしても強引に上体を捻ってスローイング、というスタイルで何とかなるかもしれない。だが、長く続けるにはできるだけムダを削がなければならない。
私の場合は年齢と経験を重ね、打ったときの打球の速さなどを見て「このあたりに入ればいいな」と判断できるようになった。そのポイントへ最短で向かい、早めに待つことができるようになってからは、よりリズム良くアウトを取れるようになった気がする。

第3章

守備の基本

キャッチボール（スローイング）

★守備における肩の強さと、地肩の強さは別

野球の基本はキャッチボールだと言われる。中日時代、コーチだった高代延博さん（現・阪神コーチ）からは「プロである以上、ボールを持ったら意図しているところに投げられなきゃダメ」「思うように投げられないようではプロじゃない」「捕るミスは許されても投げるミスは許されない」などと口酸っぱく言われていたから、特にスローイングは大事にした。

当然、とりあえず捕ったらひと安心、という感覚はない。練習でも試合でも、スローイングは常にていねいに行っていたし、だからこそ捕球も雑にはできなかった。

準備を早くして待ち、スローイングのためにちゃんとステップできるようにしよう。そんな思いでずっとやってきたから、最終的にはショートのポジションから投げる際も、寸分の狂いもなくコントロールできるという自信があった。

強肩だったかどうかと言われれば、弱くはないとは思うが、強いほうでもなかったと思う。また、投げるボールの質としてはもちろん若い頃のほうが良かったのだろうし、単純な能力としての肩の強さがベテランになるにつれて落ちていったのは間違いない。

ただ、肩が強いのに越したことはないが、実際の守備ではスローイングが山なりにならないくらいのレベルであれば十分だとも思う。年齢を重ね、打球への入り方のムダを省き、さらによりスムーズなステップを身につけてからは、「軽く投げているのにボールが良く走るなぁ」とか「もしかして肩が強くなったのかな」という感覚が芽生えるようになった。

たしか30歳くらいのことだ。止まった状態で投げるだけならスピ

ードも遠投力も落ちているのだろうが、動きの中で捕ってから軸足にしっかりと体重を乗せて投げられているので、力がムダなく発揮できるようになったのだと思う。守備における肩の強さと、地肩の強さは別物。強肩だから良いというわけではなく、それを生かせる守備の動きをしているかどうかが重要だと思う。

中日には、外野手でも肩がいい選手がたくさんいた。特に英智(現・中日コーチ)や藤井淳志などはメチャクチャ肩が強かった。ただコントロールや球質を考えると、彼らの若い頃のスローイングは捕りにくかった。

ところが、逆にベテランになって肩の強さそのものが落ち、ちょうどいい加減でバランス良く投げるようになると、勢い良くスーッと来て非常に捕りやすいスローイングになったのを覚えている。

余談だが、内野手にはもともと「相手が捕りやすいボールを投げよう」という感覚を持っている人が多いため、外野へ移ってもそういうスローイングをする人が多い。

逆に外野手が内野を守る場合、肩はものすごく強いのだけれども、とんでもなく捕りにくいボールを投げることがよくある。

★野手は軽いボールを投げたほうがいい

相手が捕りやすいボールを投げることは、キャッチボールのときから意識した。大学時代までは指先で投げる感覚を大事にしていたのだが、プロに入ってからは手のひらで投げるようになった。

分かりやすく言うと、指先でボールを切って回転を掛けるのではなく、手のひらを相手に見せながら指全体でペローンと押し出すような感じ。速い球をビュンビュン投げたところで安定感がなければ意味がないし、息の長い選手になるためには、常に捕りやすいボールを投げたほうがいいとも思ったからだ。

キャッチボールをしていると、こちらの手が痛くなるような重いボールをバチッと投げてくる選手もいるが、打者に打たせまいとする投手ではないのだから、内野手はむしろ軽いボールを投げたほうがいい。実際、久慈さんや立浪和義さんとキャッチボールをしたときには「ボールの回転がすごくキレイで軽いなぁ」と感じた。それ以来、練習のときからずっとそういう球質を意識するようになった。

実はピッチャーでも、スローイングになるとそういうボールを投げる人が今までに2人いた。マウンド上では当然、打者が打ちにくいボールを投げるのだが、ピッチャーゴロのゲッツーやバント処理の二塁送球では、ものすごく軽くて捕りやすいボールを投げてくれるのだ。

私が経験した2人というのは元中日の山本昌さんと、元巨人の上原浩治投手。そういうボールだと少し逸れてもこちらはパッと捕って送球に移れるし、たとえショートバウンドであっても捕りやすい。ちゃんと投げ分けてくれることにすごく感動したものだ。

話を戻すが、ショートを守る上では特に、相手が捕りやすいボールを正確に投げる必要がある。前にも説明した通り、サードには時間の余裕があるので、とりあえず捕ることに集中して、そこからしっかり足を使ってステップして投げればいい。セカンドも同様であり、しかも一塁までの距離も短いため、やや変な回転をしてボールが曲がったとしても、ファーストが取れる範囲内で収まってくれる。ところがショートの場合、一連の流れで投げなければならない上に、右足にしっかり体重を乗せ切れずに投げてシュート回転やスライダー回転をしようものなら、一塁までの距離が長いのでそのまま大きく曲がっていって悪送球になってしまう。だからこそ、普段のキャッチボールからいかに正確に投げられるかが求められる。

キャッチボール
（捕球）

★右足を出して捕球する

一方、キャッチボールの捕球で意識していたのは、とにかく捕るときに足の動きを合わせること。具体的に言えば、タイミング良く右足を出して捕球するということだ。

私は内野手である以上、キャッチボールで左足を前に出して捕るということはしなかった。投げるときの軸足は右足なので、右足を出して捕れば軸足の位置が決まり、すぐにスローイング動作へ移ることができる。

よく左足を前に出して捕ろうとする人がいるが、それだと捕球後にもう一度右足を出してから左足を踏み出して投げることになる。右足に合わせれば「右→左」で投げられるが、左足に合わせると「左→右→左」と１歩多くなってしまうのだ。

右足を出して捕って、次の左足を出しながら一発で投げる。その習慣をつけておくと、捕ってからパッと握り替えて投げられるようになる。最初のうちは投げにくいかもしれないが、慣れていくとだんだんスムーズにこなせるようになる。

▲内野手としてのキャッチボールであれば、右足を出して捕球し、ワンステップで投げる練習をしておくと良い

キャッチボールでは捕球したら1回ずつ止まって、体勢を立て直してしっかりと足を上げてから投げる人がよくいる。ピッチャーならそれでいいが、内野手であれば実戦でそうやって投げることはまずあり得ないのだから、捕ってから投げるまでのリズムを重視したほうが良いと思う。もちろん、フォームを大きくしたり肩を強くしたりという目的で遠投を行う場合などは別だろう。しかし、塁間くらいの距離までは「右→左」でポンポンとリズムよく進め、遠くに離れてから自分のペースでじっくりとやればいいのではないか。

そうやって考えていたから現役時代、キャッチボールの時間を10分も取っていようものなら「長い」と感じていた。パパパッとリズム良くやっていけば球数だって十分に投げられるし、ものの5分程度で準備は整えられるんじゃないかと。キャッチボールは基本的に毎日行うもの。少年野球であってもプロ野球であっても大切なことには変わりなく、日々の習慣が大事だと思う。

★ボールに対して体を寄せていく

少年野球などでは、捕球の基本として「両手で捕りなさい」と指導されるケースが多いと聞く。だが、両手で捕ることが基本だとは思わないし、だからと言って片手で捕ることを重視するつもりもない。

両手で捕るか、片手で捕るか。そもそも、私はその部分を意識したことがない。キャッチボールであれば、相手がいいボールを投げてきたら両手で捕ってすぐ投げればいいし、ボールが少し逸れたのであれば無理に両手で捕りにいくとバランスを崩してしまうので、片手を自由に操作して捕ればいい。

それよりも私が大事にしてきたのは、来たボールに合わせて足をスッと動かし、体を寄せていくことだ。変にグラブの使い方を意識すると上体でボールを追いかけてしまうので、いかに下半身を使ってボールを追えるか。

相手が引っ掛けるようにして投げたボールであっても、こちらがスッと動いて正面に入って捕ってあげる。そうすると相手には安心感を与えることができて、「アイツには投げやすいな」と思ってもらえる。悪送球をカバーして悪送球に見せないように処理する。そういう何気ないところが大事だと思う。

そして、あくまでも結果として、捕球が両手になったり片手になったりする。たとえばショートとして二塁ベースカバーに入り、ゲッツーを狙って一塁へクイックスローで転送する場合は、グラブの近くに手を添えておいたほうがボールを素早く持ち替えられるから自然と“両手”になる。だが送球が大きく逸れてきて、目いっぱい手を伸ばさなければ捕れないのであれば“片手”になり、そこから体を寄せてステップすることになる。

もっと言うと、片手で捕ったとしても最終的には体の中心に収め、もう一方の手にボールを握り替えて投げるわけだから、持ち替えるタイミングでは必ず“両手”と同じ状態になる。要はどんな形で捕ろうとも、ステップしている間にしっかりボールを持ち替えられていればいいのだ。

そしてゴロ処理の場合も、やはり“両手”と“片手”は状況によって変わる。基本的には両手を下ろした姿勢で捕るわけだから、余裕があるときはグラブの近くに手を添えておいたほうがいい。“片手”だとバウンドが変わったときにすぐ弾いてしまいやすいが、“両手”であれば少々跳ねても対応できるし、持ち替えもスムーズにで

▲相手の投げたボールが逸れたらスッと体を寄せて捕球する

きる。ただバックハンドで捕らざるを得ないケースになると、グラブをより自由に動かせるほうが捕球しやすくなるので、今度は“片手”のほうがいいということになる。

ちなみに余談だが、私は素手も“もう１つのグラブ”だと思っている。打球がポーンと跳ねて胸に当たっても素手で押さえ込めばいいと思うし、グラブで捕って持ち替えていたら間に合わないのであれば、最初から素手でサッと捕って投げてしまえばいい。だからグラブをつけた左手だけでなく、右手の感覚も大事にしていた。

グラブへのこだわりと捕球の感覚

★素手と同じ感覚で

グラブには人それぞれの好みがあるが、私が業者の方々にオーダーメイドでお願いしていたのは「強く、軽く」だ。

実は、これが一番の無理難題でもある。単純に考えて、グラブを強くするためには革を厚くして硬くすればいいのだが、そうすると重量感が出てしまう。逆に、グラブを軽くするためには革を薄くすればいいのだが、そうすると今度は強度が落ち、打球が当たっただけでグラブの先がキュッと曲がってしまったりする。両方を兼ね備えるということは、本来であれば矛盾しているのだ。

ただ、私はちょうどよくその2つのバランスが取れたグラブを追い求めて、業者の方々と何度もやり取りを重ねた。そのたびに微妙な感覚の違いを伝え、向こうもこちらの意図を汲んでくれて、ようやく完成したものが出来上がった。私の場合、グラブが完成したら型などはつけず、いきなりノックを受ける。そのまま1年間ほど守備練習で使い続けると、だいたい普通に使えるようにはなっている。そして、試合用のグラブが感覚的に気に入らなくなってきたら、「そろそろ使おうかな」となる。

グラブの型というのは、実際にボールを捕りながらつけていくもの。私はそう思っている。じっくり作っていく時間がない場合は仕方がないのかもしれないが、最初から無理やり柔らかくして型を作ったら変なクセがついて捕りにくくなるし、品質も崩れやすくなる。だからグラブを地面に置いたときには、すぐにパタンと閉じて両端がくっついてしまう。通常時に閉じているグラブというのは、使うときにいったん開かなければならない。そこに余計な力が入ってグラブを開きすぎることも増えるし、捕球時にもやはり余計な力が入ってしまいやすいだろう。

私がグラブについて最も大事にしている感覚は、素手とまったく同じ感覚で使えるかどうかだ。手というのはリラックスしている状態が一番使いやすいもの。ジャンケンの“パー”のように広げても力が入るし、“グー”のように握っても力が入る。自然に開いている状態がちょうどよく、最もストレスを感じない。だからグラブに手を入れたとき、自然体でパッと馴染むようにしてほしいというのが私の注文。手のひらをすべて入れないと違和感があり、できるだけ素手で捕っているのと同じ感覚にしたいから、「軽く」とリクエストするわけだ。

▲素手の感覚に近いグラブ

そして、ただ立っているときにも自然とグラブが開いている状態になっているのが良いと思う。そうすればゴロだろうと送球だろうと、そのまま手をポンと差し出すだけでグラブの面をボールに向けることができる。

また実際、私がグラブをつけているときというのは力感もない。そのまま立っているとグラブがスポッと抜けてしまうくらいだったため、中指と薬指の先には凹凸を作ってもらい、グラブを下に向けていても指先に引っ掛かって落ちないようにしていた。

ちなみに中指と薬指の２本は、ゴロ捕球のときの大事なポイントでもある。私は中指の下あたりの浅い位置にポケットを作っており、ゴロが来たら中指と薬指を少しクッと動かしてボールの勢いを吸収。「捕る」というよりは「収める」という感覚でそのまま体の中心へ持っていき、すばやく握り替えていく。

一方でライナーや送球を捕るときなどは、グラブの面に当ててボールの勢いを止める。力を抜き、自然体で手を広げておいて、ボールが当たった衝撃で反射的にパッと閉じるような感覚。「捕る」という意識だと手首や指先などに余計な力も入ってしまうので、あくまでも「勝手に閉じる」というイメージを持っている。

▲ボールをグラブに収めると、グラブが勝手に閉じる

一般的な感覚から比べると、私のグラブはかなり硬いほうだと思う。横にして地面に置いても常に開いた状態がキープされるし、わりと使い込んで柔らかくなってきてもグラブの両端はくっつかず、ボール１個分くらいの空間はちゃんと空いている。

▲地面においても浅めのポケットがキープされ、グラブの両端がつくことはない

これは好みだから、何が良くて何が悪いと言えるものではない。ただ周りの人たち——特に内野手以外のポジションの選手や、野球の素人、子どもたちにはわりと評判が良かった。普通であれば使っている人のクセが表れるものだが、私のグラブのコンセプトは自然体だから手に馴染みやすかったのだろう。柔らかいグラブが悪いわけではないが、私の場合は手を入れた瞬間に違和感が生まれる。重くなった印象を受け、自らボールをつかみにいくようなイメージも浮かんでくるし、ヒジや手首を柔らかく使えない気もしてくるなど、とにかくストレスを感じてしまう。

大きさについてはこだわりがなく、操縦しやすければそれでいいと思っている。ショートの場合、セカンドのグラブより大きく、サードのグラブより小さいというのが一般的だが、私はセカンドやサードを守るときも同じグラブで守っていたから、単純にそのサイズ感が合っていたのだと思う。ファーストミットも持っているが、通常よりも小さくしていつものグラブの感覚に近づけた。指先を長くして重さを感じながらプレーするよりは、操縦性を重視したほうがいいと考えていたからだ。

グラブの手入れはほとんどせず、試合後にはパッと乾拭きをして汚れを取り除く程度。そして日曜の試合後（プロ野球では月曜が移動日になることが多い）あたりにほんの少しだけオイルを塗り、最後に乾拭きをしたら日陰に干しておいて、また火曜の試合から使うという感じだ。オイルを塗る際はグラブが重くなったりベタついたりするのが嫌なので、あえて素手を使っていた。タオルやスポンジを使うとオイルを付けすぎてしまう気がしたため、肌感覚で薄く塗って革に馴染ませるようにしたのだ。

誤解されるかもしれないが、決してグラブを大事にしていないわけではなく、逆に手入れをしすぎると使いにくくなる可能性があると思っている。また、そもそも試合用と練習用を使い分けていたからグラブの消耗度も低かったし、中日も巨人も人工芝のドーム球場を本拠地にしていたので、雨や土で汚れることをあまり気にせずに済んでいた。もちろん屋外の球場で試合をしていて雨が降ってきたこともよくあり、そのときは試合後にヒビが入らないように自然乾燥を行った。土砂降りなどであれば試合用グラブを途中で引っ込め、それ以前に使っていたグラブをスペアとして使ったりもした。

なお、道具ということで言えば手汗によってグラブが滑るのを防ぐため、グラブに入れる手には守備用の手袋、いわゆる"守備手"をつけていた。ただし素手の感覚がなくなるのも嫌なので、素材はかなり薄くて乾きやすいもの。さらに手首が固まってしまうことも避けたかったので、手首のマジックテープはフワッと浮かせるようにして緩く止めていた。

ボールの握り替え

★握り替えの練習

グラブでボールを捕ったら、パッとすばやく握り替える。実戦の守備においてはその技術も求められる。

ゴロ捕球から送球するときも、二塁ベース上で送球を受けてから転送するときも、握り替えにおいて大事なのは、体の軸がブレないようにしてボールがグラブに入ってくるまでしっかりと待つことだ。自分からグラブを出していこうとするとボールと衝突するし、足が止まるので握り替えが遅くなってしまう。

また、グラブの面にボールが当たった瞬間にパッと握り替える習慣もつけておきたい。ボールを持ってグラブの面に何度もパンパンと叩きつける練習があるが、あれを何のためにやるかと言ったら、握り替えの感覚を身につけるため。グラブの型を作るためにやっているものだと勘違いしている人が多いが、それが目的ならば専用のハンマーなどで叩いたほうが手っ取り早い。

この練習のとき、最初から人さし指と中指を伸ばして２本で捕りにいこうとする人がいる。分かりやすく言うとお寿司を握るような形だが、そうやって捕りにいくと指が網の部分に引っ掛かってしまうこともあるし、ボールをすばやく握ることはできない。捕球と同様、握り替えも素手と同じ感覚で行うことが大事なので、まずは手のひらでつかむことが基本となる。そして正確なスローイングをするためにも、そこから指をしっかりとボールの縫い目に掛けていくことが大事だ。ボールの縫い目に指が掛かっていない状態でスローイングをすると、変な回転が掛かって悪送球になりやすい。そうならないために、ボールを持ち替えてスローイングのテークバックを取っている間に縫い目を探っていく。

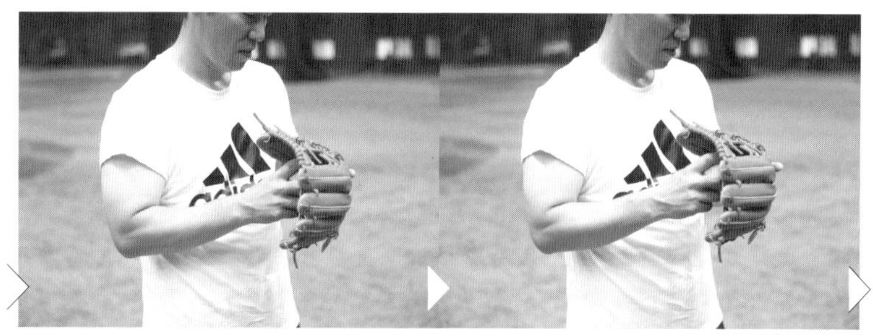

◀ボールの握り替えの練習。

プロ野球選手のプレーなどを見ていると、捕球後にグラブを右側へ引いているようなイメージもあるかもしれないが、足を使って体が出ていくからそう見えるだけで、実際はボールを捕った瞬間にパッと持ち替えている。感覚としてはボールを捕ったら両手をそのまま置いておき、その場で握り替えながら体だけを投げる方向へ寄せていく。そして、いったん体の中心に収めながらも自然に腕が右側へと移動するため、スローイングのテークバックが取れるというイメージだ。手だけですばやく握り替えて投げようとするとミスが起こりやすいので、あくまでも足を使って体を動かしていかなければならない。

▲まずは手のひらでボールをつかみ、そこからボールの縫い目に指を掛けていく

とは言え、ときには指が縫い目に上手く掛からず、「このまま行くとツーシームになってしまう」ということもある。また、ゲッツーを狙った二塁ベースカバーでショートバウンドの送球が来て、ボールに体を寄せていく余裕がないときはその場でパパッと処理しなければならず、ひどい握り方で投げるしかなかったりする。そういうケースでは普段から磨いてきたスローイングの感覚が問われる。

私の場合、たとえばゴロ捕球からの一塁送球がシュート回転をしてしまいそうなときは、目標であるファーストミットよりも少しだけ左側を目掛けて投げる意識があった。ただ、基本的には左右へ逸れたボールだとファーストが捕りにくく、高く浮いてもやはりカバーできないので、ラインを外さずに低い送球をしようと心掛けた。ファーストが足を延ばして捕るときにちょうどいい位置になるように、低めに伸びていくボールを投げる。それを前提としており、ショートバウンド処理が上手いファーストがいるときには安心して投げることができたものだ。

だから巨人のコーチ時代、ファーストを守る岡本和真選手には「ショートバウンドが悪送球になった場合はすべてファーストのエラーだ」と伝えていた。低い送球である以上はすべてカバーするのがファーストの仕事。周りの内野手から「ショートバウンドを投げても大丈夫だ」と思われるファーストがいるチームというのは、守備のリズムが良くなる。私の現役時代も、中日ではタイロン・ウッズやトニ・ブランコなど打撃力を買われた外国人選手がファーストを守ることが多く、スローイングにはかなり気を遣った。一方、試合後半に守備固めで渡邉博幸さんがファーストに入ったときは「だいたいあの辺」という感覚で投げれば全部捕ってくれたので、すごく守りやすかったことを覚えている。

守備の構え

★テニスのレシーバー

守備に就くときの構え方は、ポジションによって違いがある。たとえばサードだったら強くて鋭い打球が多く飛んでくるため、そこに備えてあらかじめグラブを出して低く構えているくらいでちょうどいい。ところが二遊間の場合は打者との距離が長く、打球に合わせて前後左右に動かなければならないことが多い。最初から低く構えすぎているとガチッとヒザが固まって動きにくくなるので、軽くヒザを曲げる程度が合っているのかなと思う。

もちろん感覚には個人差があるので、本人にとってその形が最もスムーズに動きやすい構えなのであればそれでいい。ただ、ヒザを曲げすぎた状態からスタートを切ろうとすると、相撲の立ち合いのように前へ進むだけならまだしも、左右へ動くときには1歩目で体が浮いてしまう可能性が高い。途中で体が浮くのであれば、最初から少し浮いた状態で構えたほうがスタートしやすく、目線もブレずに済むのではないだろうか。

私がショートの守備に就くときは、言ってみればテニスプレーヤーと同じような感覚だった。テニスプレーヤーもいろいろな方向へパッと動けるように、ヒザを軽く曲げてリラックスした状態で構えている。また、打者のインパクトを迎えるときは打球に対してすばやく反応できるように、やはりテニスのステップのようにその場でポンッと跳ねていた。

これも、合うか合わないかは人それぞれだと思う。反応が良すぎて逆を突かれることもあるだろうし、ベタ足で打球を見て動くのも間違いではない。二遊間を組んだ荒木なども、ベタ足の状態からスタートを切っていたはずだ。

しかし私の場合は、両足を地面に着けたままだとヒザの動きが硬くなり、我慢できず早めに動いてしまう感覚があった。インパクトの瞬間に一番動きやすい構え方を考えた結果、その場で軽く跳ねるという方法に行き着いたわけだ。

構えているときの重心はやや前。つま先にグッと体重をかけるわけではないが、カカトが少しだけ浮くかどうか、という状態にしていた。さらに「足を動かそう」と考えると余計な力が入ってしまうので、ヒザの力を抜いて柔らかくしておくことも重視。ヒザが固定されていたらどうしても上体に力が入ってしまうので、「下半身：上半身」が「10：0」という意識で、ヒザを柔らかくするイメージは常に抱いていた。スタートを切るときの1歩目は右足。だから、やや右足に体重をかけた状態でポンッと跳ねて、着地と同時に右足を蹴っていくという感覚もある。

▲テニスのレシーバーのように構え、360度どこへでも動けるようにする

本題からは逸れるが、私は盗塁においても１歩目を右足で蹴っていた。構えた状態から体の軸をキープしたまま右足を手前にちょっと引き寄せ、方向を変えてスタートを切る。左足で蹴るとスタートがぼやけてしまう感覚があったので、スムーズにスタートしたいときは右足の蹴りを大事にしていた。

★ペッパーがおすすめ

捕球姿勢についても話しておこう。

打球に合わせて動いたら最後は捕球姿勢に入るわけだが、その姿勢が低すぎるとやはり動きが固まってしまう。捕球姿勢で腰を落とすのはなぜかと言うと、グラブを下に降ろすため。腰高に見えても、グラブが地面にちょこんと着いてさえいれば「しっかり降りている」と判断できるだろう。

したがって、捕球姿勢では両腕を地面に垂らし、グラブの指先の後ろあたりがちょうど着いているような感覚。グラブが寝るとボールに面を当てることができないが、立てようとしすぎても手首が固まるので、自然体であることが良いと思っている。ちなみに「ボールを最後まで見ろ」とよく言われるが、ボールがグラブに入る瞬間までジッと見ていると頭が突っ込んでバランスを崩してしまうので、目線を変えないことも重要だ。

こうした守備の構えや捕球姿勢というのは、常に体に染み込ませておきたいもの。そのために効果的なのが「壁当て」や「ペッパー」だ。

最近は「壁当て」をできる場所も少なくなってきているが、「ペッパー」は多くのチームがキャッチボールのあとに行っている。打者に向かってボールを投げたらすぐに構え、そこから捕球姿勢に入って打球を捕る。投げたらすぐ準備するという習慣をつけることができるし、何度も素早く繰り返していきながら足の運びと股関節の動きを覚えることもできるのだ。

また、捕球姿勢がいい形であればお尻の後ろが張り、悪い形であれば太ももの前が張る。そうやってバランスの良し悪しを判断することもできる。私も現役時代、ヒマを見つけては若い選手を呼んで「ペッパー」をよくやっていた。下手したら試合前ノックをしなくても構わないと思えるくらい、守備につながる良い練習だと思う。

▲ペッパーは構えや捕球姿勢の練習になる

スナップスロー

★イスに座ってスローイング

ショートゴロを処理してゲッツーを狙うときや二塁ベース上でクイックスローを行うときは、時間的に下半身をしっかり使って投げられる余裕がない。したがって肩を大きく回さずにリリースの瞬間だけを加速させる、いわゆる“スナップスロー”の感覚が求められる。

ただ“スナップスロー”と言っても、決してスナップ（手首）だけで投げるわけではない。通常のスローイングと動きの基本自体は大きく変わらず、右足に体重を乗せた状態からヒザを柔らかく使い、その場で小刻みにステップする感覚。下の力を使って腕を送ってあげれば、あとは自然にヒジから手首、指先と走ってボールがピュッと離れていく。ボールを引っ掛けてしまう人は、腕や手首を使おうというイメージが強すぎるのだと思う。

スナップスローの感覚を鍛える練習として、私は巨人のコーチ時代、選手たちに「イスに座ってスローイング」を提案した。下手に下半身を使ってもバランスが崩れてしまうのだから、まずは足の動きを止めて腕の動きを覚えようということだ。

スナップスローが上手くできない人の多くは、ダーツの動きのようにヒジが前に出てきてしまう傾向にある。まずヒジを前に出そうとし、その動きに合わせて無理に肩を回そうとするから、腕を思い切り振れなくなる。イップスの大きな原因もそこにあると思う。

イスに座った状態でボールを投げる場合、体の回転を大きく使うことはできないため、必然的に体の横あたりでリリースすることになる。むしろ、体の後ろでリリースするくらいのときもある。実はこれが非常にいい感覚で、ヒジが体の前に出てこないからこそ、手首から指先までを走らせることができる。

▲イスに座って投げると下半身を使えないため、手首から先を走らせてスローイングできる

★けん制練習で回転の感覚を磨く

スローイングの矯正法としてはもう１つ、「一塁けん制」の練習も有効だ。選手たちをマウンドに集め、私は一塁ベースに入ってけん制球を受ける。イメージは振り向きざまに投げる、走者をアウトにするけん制。体を回転させながらボールを投げるときというのは、手を後ろに残した状態でまず体を回転させ、そこから腕を振ることになる。つまり、正しい順番で体を動かすことができるのだ。

また、走者をアウトにするけん制ということは、素早く一気に回転しなければならない。ファーストミットに狙いを定めてから投げることなどはできないため、回転している途中で初めて的を見ることになる。これが先述した三遊間のゴロのときのように、まずファーストを見ずにスローイング動作を始めて途中でチラッと見る、という感覚につながってくる。

けん制練習においては、私は最初のほうこそ一塁ベースにいるが、途中で「次はどこにいるか分からないぞ」と伝えて前後左右にずれるようにしている。それでも、選手たちはビシッといいボールを投げてくる。体が回っている段階ではまだ腕が後ろに残っているため、前後にずれていても強弱を調整できるし、腰の向きで上体を引っ張っていけば、足を真っすぐ踏み出していなくても左右に投げ分けられるのだ。その感覚さえ分かってくれれば、スローイングが大きくブレることはない。「少しスローイングが乱れてきたな」と感じたときには「けん制練習をやっておこう」と取り組んでいる選手も多かったので、効果を実感してくれたのだと思う。

▲最初は一塁ベースに向かって行う

▲回転している最中にスローイングを調整する練習をするために、一塁ベースでない場所にも立って行う

第4章

さまざまなプレーへの対応

ゲッツーの二塁送球

★セカンドの守備位置を頭に入れて スローイングの選択

ショートゴロでゲッツーを狙うときは、打球に合わせてスローイング、トス、グラブトスなどを選択していく。
二塁へ送球する場合、ポイントとなるのはセカンドがベースカバーでどの位置に入ってくるか、だ。そして、どこに投げてあげれば次の送球にスムーズにつなげやすいのかをイメージしなければならない。
たとえばセカンドが二塁ベースのど真ん中に入ったとしても、そこから前に出るのか、左右にずれるのか、後ろに下がるのか。得意なステップは人それぞれ違うので、それを当てはめながら投げる場所を決めていく。

ゲッツーと言うと、昔の野球界では一塁走者がベースカバーに入る二遊間の選手を潰しにくることもよくあった。だから「まだ走者が来ていないから少しベースの右側に投げて、セカンドが勢いをつけて投げられるようにしよう」とか、「このタイミングだと潰される可能性がある。投げにくいかもしれないけど少しベースの左側に投げていこう」などと、走者の状況まで加味して考えていた。
ただ、今の時代はそういうことがないので、基本としてはとりあえず、セカンドの胸あたりを目掛けてベース上へ投げることをイメージしておく。その上であとはセカンドと話し合い、どのステップが得意なのかを把握しておけばいいと思う。
それと、セカンドの守備位置を頭に入れておくことも大事だ。ベースの近くに守っていれば時間の余裕があるので、捕ってから前に出やすい。逆にベースから離れて守っていたら前に出るのは難しくなるので、後ろにステップするだろうと想定できる。ただ、中には「前に来るだろう」と思わせてバックステップをするタイプの選手もいる。だから、いずれにしてもスローイングではピュッと速いボールを投げること。そうすれば、セカンドが勢いを利用して投げやすくなる。

二塁送球ではスナップスローを使うことが大半だと思うが、小手先だけの動きになるとボールを引っ掛けてしまいやすいので気をつけたい。スナップスローであっても足はしっかり使わなければならず、たとえ両足をその場に固定したまま投げるとしても、小刻みにヒザを使って「右→左」という体重移動は必要になるのだ。また二塁ベースまでの距離が近いからと言って、上手く調節して投げようとすると置きにいってしまうリスクもある。だから私の場合、セカンドを少しだけ突き破るようなボールを意識して投げていた。

さらに二塁送球は、左側に「引っ掛ける」よりは右側に「抜ける」ほうが良い。そうすればセカンドが体を寄せてボールを捕りにいったとき、そのまま一塁方向にステップしやすくなるからだ。

両足を固定したまま投げる場合でも、わずかに右足を踏み込み、右→左という体重移動を使ってスナップスローをする

二塁ベースへのトスとグラブトス

★相手が素手で捕れるトス

トスやグラブトスをする場合はボールに勢いがないので、二塁ベースカバーに入ったセカンドが最も強く投げられる場所に放ってあげることが大切だ。

技術的なことを言うと、トスは相手が素手で捕れるほどの柔らかさが大事だと思う。なおかつ、あまり投げ上げようとしないこと。山なりの軌道になると捕りにくくてリズムが悪くなるし、体勢もブレてしまう。だから緩めのライナーのような軌道で、セカンドの胸に向かってフワッと浮かせてあげる程度。ボールが相手の目線よりも上には行かないようにしていた。

普通のトス

グラブトスについてもトスと同様で、素手でボールを扱う感覚だった。まずゴロ捕球ではグラブの面にボールを当てる。そして、手のひらでギュッと鷲づかみにするのではなく、グラブを開いたまま中指と薬指の2本で引っ掛けるようにしてボールを押し出していく。

したがって、ボールが手のひらを少し転がっていく感覚がある。手首を使おうとして失敗する人は多いが、それはおそらくグラブのポケットを深く作っていて、捕球後にいったん閉じてから開きながらグラブトスをしようとするからではないかと思う。私の場合はそもそもグラブを浅く使っているし、捕る位置が中指の下あたりなので、そのまま転がして2本の指で引っ掛けることもスムーズにできる。

グラブトス

グラブトス正面
中指と薬指の根本でボールを
押し出していく

トスをするか、グラブトスをするかという判断はその場で臨機応変にしていたが、どちらも苦にならないように準備しておく必要はある。子どもの頃から遊びなどでボールを扱う感覚を養っておくほうがいい、と言われることもあるが、そこに自信を持つあまり、小手先のプレーに頼りすぎてしまうことも考えられるので、必ずしもそうだとは限らない。

そもそもトスやグラブトスは結局、自分の手で行うものなのだから、余計な力さえ入らなければ練習しだいで誰でもできる。私はそう思っている。

ゲッツーの二塁ベースカバー

★最短距離で二塁ベースに入っていけばいい

内野ゴロで自身が二塁ベースカバーに入ってゲッツーを狙うケースでは、先ほど言った通り、昔はとにかく一塁走者に潰されないようにすることしか頭になかった。こちらが避けたとしても走者が向かってくることもあったので、いかにボールを早く離して受け身を取るか。捕って素早く投げる、という部分をより重視していた。

昔の経験談になるが、最も嫌なのはセカンドゴロが飛び、二塁ベース上に入ってプレーするタイミングが走者のスライディングと重なったとき。なおかつ、走者が「いざというときは足も出せる」という状態だと、こちらも完璧には避け切れない。また、ある程度の余裕があったとしても、こちらが投げ終わったタイミングでスライディングの勢いを利用して足が飛んでくる、ということもあった。だから、プレーが完了しても油断はできない。昔のプロ野球選手の写真を見ると、よくショートが空中を飛んでいるシーンがあるが、そういうプレーになるのはすごく理解できる。

若手時代などは特に周りが基本的にみな年上なので、走者は容赦なくこちらに向かってきた。そうなるとやられ損だし、気を遣ってばかりいたらこちらもミスをしてしまう。あまりに酷いときはこちらも堪らず仕返しのスライディングをしてやりたくなったこともあるが、それは許されない。自分の体は自分で守らなければならない。そのためにこちらができるのは、相手の攻撃を上手く交わしながらも牙を向けておくことだ。

当時の対処法としてはいつでもベース上で空中に飛ぶ体勢を取っておき、いざジャンプするときは両足を後ろに引いて、足払いを受けたような形で受け流していた。ブロックしようとすると衝撃をモロに受けてしまうが、後ろにヒザを曲げれば力を逃がすことができるのだ。さらに言うと、ジャンプしたあとはそのまま走者に上からかぶさるようにして着地する。ヒザを曲げたまま落ちていき、お腹や胸や顔に入ったこともあるが、そもそも向こうが仕掛けてきたわけだから、むしろその場ですぐ謝られて終わることがほとんどだった。

そこからある程度の年齢を重ね、自分よりも若い選手がそういうことをしてきた場合は、苦言を呈しながら言葉で牙を向けておくだけで済むようになった。ただ、いずれにしてもヒザやくるぶしなどにはよくスパイクの刃が入り、血だらけになることは多かった。またセカンドの場合は、ピボットプレーで軸足のヒザを狙われることもある。捕手だけでなく二遊間の選手にも、そういうクロスプレーの危険は常について回った。

今の時代は走者が野手を潰しにいく行為も厳しく取り締まられているので、とにかく最短距離で二塁ベースに入っていけばいいと思う。個人的には醍醐味が薄れてきた感もあるが、避けることを考えなくていいというのは二遊間の選手にとって非常にありがたいことだ。

▲今の時代ではショートを潰しにくるスライディングもないため、二塁ベースには最短距離で入って、一塁走者の位置から少しずれて投げれば良い

二遊間の連携

★セカンドの得意不得意を把握する

二遊間はよく、守備の要のコンビとして取り上げられることが多い。

ショートの立場から見ると、たとえばゲッツーでこちらが送球するときは「ここに投げたら処理してくれる」という安心感のあるセカンドが良い。そしてこちらが二塁ベースに入るときは、プレーの流れが止まらずに「このタイミングのままベースに入っていけばいいな」と感じられるセカンドがやりやすい。

中日時代に長い間コンビを組んだ荒木について言うと、私が送球するケースではだいたい二塁ベースの左側に投げればすべて処理してくれた。彼は自分の体の右側に来たボールに対して、サッと右足を出して体重を乗せることが得意だったのだと思う。逆に一塁寄りに送球したときは右足に乗らず、体が流れたまま投げてしまう傾向にあった。「トスだったら一塁寄りのほうがいいだろう」と思っていたところ、荒木が逆に動いたこともあるくらいだから、すべて右側を意識していたのかもしれない。

一方で最近のセカンドの選手たちを見ていると、やはり少しでも投げる方向に動きたいのか、体のやや右側に来たボールに対して右足が出ず、上体だけで倒れて捕りにいくケースが多い。荒木が特殊なほうだったのかもしれないが、私がそういう選手と組むのであればやはり、常に彼らの体の左側（やや一塁寄り）を意識して投げると思う。

そういった得手不得手を把握することも含めて、ずっと一緒にコンビを組んでいるとだんだんお互いのことを何も考えなくなる。言い換えれば、セカンドとの連携において「こういうときはこうしたほうがいいな」などと頭で考えることがなくなり、体が勝手に反応するようになる。それが阿吽の呼吸なのかは分からないが、おそらく荒木も何も考えていなかったのではないかと思う。
一時はショートとセカンドを入れ替えて守ったこともあるが、そのときもバランスは変わらない。お互いの今までの立場を置き換えて考え、「自分がショートのときはこうだったからこうしておけば大丈夫かな」という感覚。そこで少し食い違いが生まれたときに初めて、ちょっと喋って確認をする程度だった。

★二遊間を固定すれば、相手の攻撃に集中できる

できることなら、二遊間は固定できたほうがいいと思う。常に同じ選手と組んでいれば余計なことを考える必要もないからだ。セカンドがいつもと違う選手だと、試合中も気になるからたびたび声を掛けたり、細かく確認をしたりすることになる。だが本来、ショートはその間に相手チームをしっかりと観察し、作戦を読み切っていかなければならない。
プロの世界の話で言うと、私がショートを守るときにはまず、ピッチャーがキャッチャーからの返球を受けるタイミングでカバーに行く。そこから相手ベンチや三塁ベースコーチを見てサインを確認。その内容や表情まで細かく見たら、今度は三塁ベースコーチから打者や走者にサインが出るタイミングで、打者や走者の反応や動きなどもチラッと確認する。そうやって観察しながら通常と違う部分などを感じ取り、気配も察して、その場面で考えられる作戦を絞っていくのだ。ところがセカンドとのコミュニケーションが不十分だと会話を優先しなければならないので、相手チームに対する意識が手薄になってしまう。
だからこそ、セカンドには何も話さなくてもすべてを理解してくれている存在がいるのが理想。そうすれば、相手のことに全神経を

集中させることができる。もちろん、そういうコンビ関係を築くためには時間と経験が必要だ。ポジショニング1つ取っても、そもそもお互いが近寄りすぎたり離れすぎていたりしたら良くないわけだし、どういう場面になったらどっちがベースに入るのかも把握していなければならない。そこが不足しているうちは、まだまだ会話が必要だと思う。

ずっと一緒にプレーしていたセカンド荒木とは阿吽の呼吸だった

二盗

★最後の１歩でベースに入る

一塁走者の二盗に対するショートの動きのポイントとしては、キャッチャーからの送球の待ち方だろう。

人によっては「ベースの前に出て捕れ」とか「ベース上で待て」といった考えもある。ただ私の中では、あらかじめベース上で待っていると足の動きが止まり、少しでも送球が逸れたときには外野へ抜けてしまうリスクが大きいという感覚がある。そんな中で意識していたのが、あまり早くベースに入りすぎないことだ。

もっと具体的に言えば、キャッチャーの送球がマウンド上を通過しているタイミングではまだ移動していて、自分がベースに入ったらちょうどボールが到達してそのままタッチ、というタイミングに合わせていた。そうすると、動きながら送球を捕って走者にタッチできる。足を前後左右に動かすことができるので、ショートバウンドなどが来てもパッと捕ってタッチまで持っていけるのだ。もしもベース上で先に待っているとしたら、それは「"動"から"動"」ではなく「"静"から"動"」。足が固まっているから、たとえ前に出て捕ることはできても、そこからベースに戻って走者にタッチすることは難しいだろう。

また、送球が二塁ベースの左側に逸れても対応できる。先にベースに入っている場合はいったん捕りに行ってからタッチしなければならないため、走者はセーフになる可能性が高い。だがベースに入るタイミングをギリギリまで遅らせていれば、自分もまだ（キャッチャーから見て）ベースの左側にいるわけだから、もうワンテンポだけ我慢して送球を捕ったらそのまま二塁ベースに入って勢いよくタッチ。こうすれば動きの流れもスムーズになり、アウトにできる可能性も高まる。

ベースに早く入るのも、決して悪いことではない。ただ、最後の1歩でベースに入る感覚があればギリギリまで余裕を持てるし、ベースに入ってタッチするという作業が一定のリズムで行うことができる。そもそも早くベースに入れるということは、ギリギリのタイミングで入ろうと思えばもう1～2歩分、ベースから離れて守ることだってできるのではないか。そのほうが単純に守備範囲も広がるだろう。

なおタッチの仕方については、最後の1歩で調整する。送球の勢いがあればベースの後ろ寄りで捕り、送球が逸れたらベースの前で捕ってタッチ。現在はリプレー検証も可能なルールになっているため、審判への印象度などは考えなくてもいいのかもしれない。

ただし、軽く流すようにすると球を弾いてしまったり交わされたりする可能性もあるので、真下にすばやく落とすのが基本だとは思う。

ちなみに余談だが現役時代、特にスライディングの鋭さを感じたのは大学の後輩でもある元阪神の赤星選手。タッチしたとき、あまりの勢いで彼のスパイクの刃が私のグラブに突き刺さり、穴が空いてしまったことがあった。

★フェイクのスタートはわかる

ショートはもちろん、一塁走者のスタートも見ていなければならない。盗塁を仕掛けてくるのか、それともフェイクなのか。どちらも同じように動く走者というのは厄介だが、多くの場合はどこかに違いが現れる。フェイクだと体の向きが中途半端になる選手もいれば、逆にフェイクのときに限って二塁方向へしっかりと体を向けていく選手もいる。また当然ながら、実際にスタートを切るほうがスピード感はあるもので、フェイクがあまり上手くない走者というのはたいてい最初の1歩しか動こうとしない。

▲二塁のタッチは最後の１歩で調整する

逆に言うと、こちらとしては一塁走者が2歩目や3歩目までスタートの形を取っているかどうかを見ておけば、ある程度の判断はできる。たとえその時点までフェイクを仕掛けることはできても、本気のスタートとまったく同じように見せることはかなり難しい。そう考えると最も嫌なのは、実際に走ろうとしたけれども途中で止めて慌てて戻る、というケースだ。最初から戻ることが前提であれば違いも見極められるが、本当に走ろうとしている走者からは気配も感じるので、毎回やられたらプレッシャーも掛かる。

また守備側からすると、普段は走らない選手が年に1～2回、試合終盤の大事な場面で突然走ってくるというのも嫌なものだ。プロ野球でも優勝争いをしていたりすると、シーズン後半にそういうケースが少なからず出てくる。俊足の選手であればあらかじめ準備もできているが、足を使ってくるイメージを持たれていないスラッガータイプの選手、特に外国人選手などが意表を突いて走ってくると内野にも焦りが生まれる。

ただ、そういう選手の盗塁というのは無警戒だから意味があるわけで、シーズン前半などに走ろうものなら、私の場合はすぐ頭にインプットしていた。そして、いざという大事な場面では、周りに「（盗塁）あるよ！」と連呼しながら、あえて相手チームにも分かるようにアピールする。そうすれば盗塁の企画そのものを阻止することができる。

あと企画阻止については一塁けん制という方法も考えられるが、投手というのはだいたい「9：1」とか「9.5：0.5」くらいの割合で本塁へ投球していくものであり、走者はけん制の球数が増えるほど「次はもうないだろう」と判断できるようになって走りやすくなる。

逆にまったくけん制球が来なかったとしたら、「いつ来るのか分からない」という緊張感が続く。必ずしも、けん制をすることで走者を釘付けにできるとは限らない。だから一塁けん制の駆け引きなどに関しては、バッテリーに任せればいいと思う。

三盗と二塁けん制

★二塁走者に話しかけて反応を見る

走者が二塁に到達してきたとき、私は必ず会話をするようにしていた。走者が年上や同年代の選手であればこちらから話しかけるし、年下の選手であれば二塁ベース上で挨拶をしてくることも多いので、そのときにひと言、ふた言を添えて会話を続けていく。

それはなぜか。単なる世間話をしてコミュニケーションを取りたいわけではなく、三盗をする気があるかどうかを確認するためだ。

三盗というのは基本的にベンチからのサインで行うことはなく、走者がピッチャーのモーションを確実に盗んだときに仕掛けるものだ。話しかけたときに知らん顔をしたり、あるいは反応が薄かったりする走者というのは、こちらの話が耳に入っていないという証拠。つまり、二塁に到達した時点で「スキがあったら走ってやろう」と考えていて、投手のクセを盗むことばかりに集中しているのだと判断できる。

そして、こちらから話しかけて何も返答がなければ「オイ、走ろうとしているだろう」と言って動揺を誘ったり、様子見の二塁けん制を入れたりする。

さらに、バッテリーや周りの内野手に声を掛けるフリをしながら必要以上に「走るよ！」と言って、あえて走者に聞こえるようにプレッシャーを掛ける。逆にニコニコしながら話に乗ってくる選手というのは、余計なことを考えているわけだから、走る意欲がないと判断すればいい。

二塁けん制については、走者をアウトにするための「一発けん制」が基本だと思う。様子見のけん制を入れるのはあくまでも、先ほどのように三盗を警戒していたり打者がバントの構えをするかどうかなど、相手の作戦を探りたいときくらいだ。様子見のけん制を連発してミスが起こり、簡単に三塁への進塁を許してしまうことも考えられるので、けん制の数はできるだけなくしたい。

また根本的な考え方として、たとえば二死二塁で二塁走者のリード幅をできるだけ縮めるためのけん制などは意味がないと思っている。二死だから走者は打った瞬間にスタートを切れるわけであり、普通に考えたらヒットを打たれた時点でホームインは免れない。そもそも、たとえセーフティーリードの幅を１歩縮められたところで、第二リードでスルスルッと出られたら簡単に取り戻されてしまう。そう考えると、けん制に固執してミスが出てしまったり、走者に気を取られて打球処理が疎かになってしまうほうが困るだろう。だから二塁けん制というのはあくまでも、リード幅が大きい走者をアウトにするために行う。

★真後ろに下がって　マークを外すように見せる

二塁けん制で走者を刺すためのポイントは、もちろんピッチャーとの呼吸を合わせることが前提だが、走者が動くタイミングに合わせてサッと素早くベースに入ること。ピッチャーがセットポジションに入ったとき、走者の右側に体重が掛かったり、パッと足が前に出たりするとスキが生まれる。そのタイミングを逃さずに狙ってベースに入り、あとはピッチャーのターンが速ければアウトにできる可能性は高まる。

それともう１つ、気配を悟られないようにすることも大事だ。ショートが走者よりも二塁ベース寄りの位置にいたら、一塁ベースコーチからの指示で警戒されてしまう。走者とちょうど重なっていてもまだ警戒心はあり、走者よりも三遊間寄りの位置にいるとそれを解いてくれる。ということは必然的に、警戒されずに二塁けん制を行うためには、ショートの立場から言うと走者の右側から追い抜いていくしかない。だからこそ、走者が右側に動くタイミングを逃してはならないわけだが、さらには長い距離をどうやってフットワークでカバーできるか。変にダッシュを意識しすぎるとボールを捕れなくなってしまうリスクも出てくる。

私が現役時代によくやっていたのは、いったん真後ろに下がってマークを外したように見せながら、パッと切り替えて斜め前（二塁ベース）に走っていくという方法。「真後ろに下がる」というのがポイントで、そうすると一塁ベースコーチからは走者から離れて三遊間寄りに移動し、通常の守りの準備に入ったように見える。ただ、こちらからすると斜め後方ではなく真後ろに下がっているだけなので、実は二塁ベースからの距離がそう遠くに離れたわけではない。また動きを切り替えてベースに入るときも、決して急な角度ではないので勢いをつけやすいのだ。

二塁走者に対するアプローチとしては、少年野球などではショートが走者の周りをちょこまかと動くシーンもよく見る。だが、そもそも二塁走者はピッチャーの動きに合わせているわけだから、普通に考えれば惑わせることは難しく、むしろ無駄な動きになってスキが生まれやすい。したがって、けん制をしないのであれば最初から本来の守備位置の近くにいて、打球処理に集中できるように準備したほうがいいと思う。

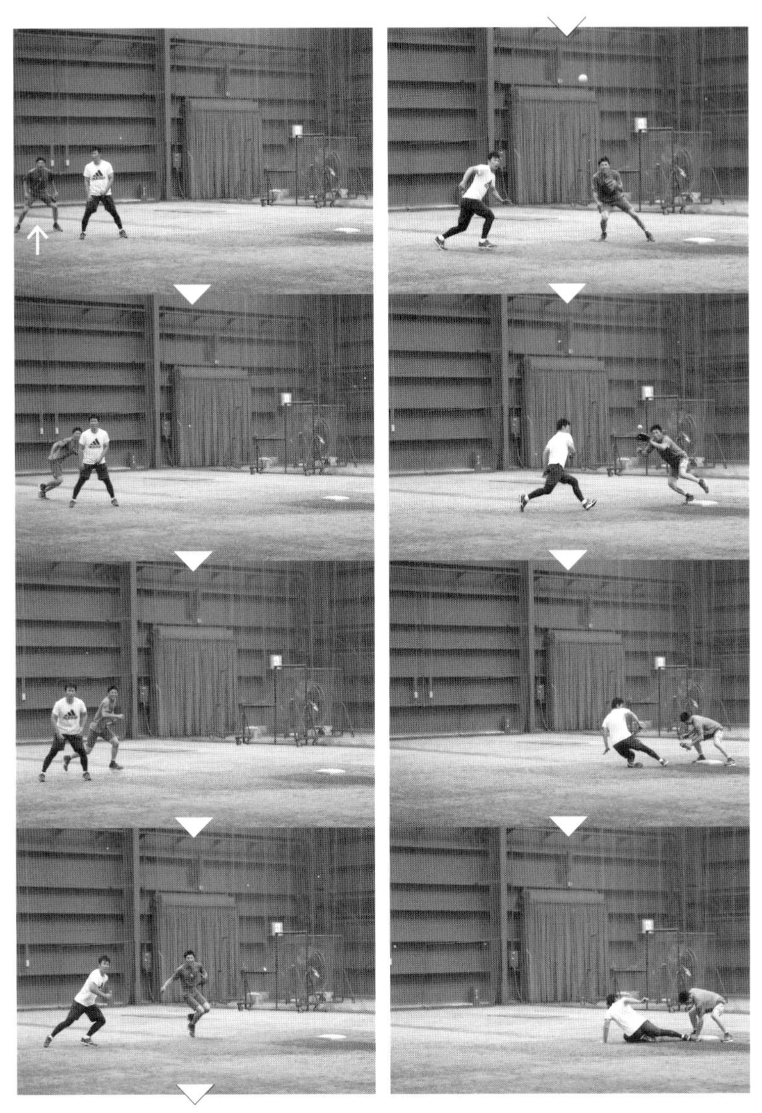

▲一塁コーチャーから見てショートは二塁走者の左側にいるが、一度真後ろに下がって気配を消してからすかさず二塁へ入るといい

★第二リードが大きかったり、シャッフルのタイミングが合わない場合ピックオフプレーで狙う

さて、先ほど言ったように、私は二塁走者をベースに留めることにはあまり執着しなかった。その細かな部分がクロスプレーのタイミングに違いが出るとも言われるが、スタートを切った位置よりも根本的な走者の足の速さ、ベースの回り方やスピードの乗り具合などによる影響のほうが大きいと思っている。「ここは間違いなく送りバントだ」というケースや、試合後半で外野が前進守備を敷いているときなどであれば、少しだけ二塁走者を引きつけておくことも考えることはある。だが、それによってヒットゾーンを広げてしまうようでは本末転倒なので、やはりヒットを防ぐための守備位置を取ることが先決だと思う。

ただし、あまりにも大きくリードを取られるのはやはり良くない。だからセーフティーリードが大きければ二塁けん制を行うし、第二リードが大きい場合はピックオフプレーでキャッチャーからの二塁送球を促す必要がある。

キャッチャーからの二塁送球は第二リードが大きい走者のほか、打者のインパクトにシャッフルの着地が合わずに反応がワンテンポ遅い走者、キャッチャーがボールを捕った瞬間にもう1歩余計に出てしまう走者などにも有効だ。また打者がバントを空振りしたときに、思わず飛び出してしまうのもよくあるケース。そういう傾向を走者の後ろから見て把握しておくのも、ショートの仕事だ。

こぼれ話になるが、私が打球に備えて構えているとき、打者のインパクトを迎えたタイミングで視界にちょうど重なってくる走者がいたこともある。それが二死であれば、私は「けん制は絶対にしな

いから、もうちょっと大きくリードを取って邪魔にならない位置にいてほしい」と言っていた。もちろん約束通り、騙してけん制アウトということは絶対にしない。

無死や一死だったら、ライナーゲッツーも考えられるのでそんなことは言わないが、二死に限っては一塁でアウトにすることのほうが重要。向こうも出られるものなら出たいわけだから、利害が一致してストレスなくプレーに集中できる。

二塁走者のリードが大きかったり、シャッフルのタイミングが合っていなければ、ピックオフプレーで狙っていく

エンドラン

★一塁走者に合わせて
早く動きすぎないように

エンドランは打者が空振りさえしなければ、攻撃側にとって非常にいい作戦だと思う。たとえば走者一塁でエンドランを仕掛け、ヒットが出て一・三塁となれば、そのまま積極的に攻めて得点が入るという可能性はかなり高くなる。

また、守備側に「エンドランがある」と思わせることができれば、バッテリーがボール球で外してくることもある。その結果、どんどんカウントが不利になってピッチャーはストライクを取りにいかなければならず、さらにエンドランを仕掛けやすい状況になっていく。もし打ち損じても、内野ゴロであれば走者を二塁へ送ることだってできる。

そういう作戦だからこそ、ショートとしてはエンドランも警戒していた。かと言って、むやみに「エンドランあるよ！」と周りに声を掛けたところで、相手には「ただ声を出しているだけで仕掛けるタイミングは分かっていないんだな」と思われてしまう。こちらはできるだけ仕掛けにくい精神状態にしたいわけだから、エンドランが考えられるちょうどいいタイミングで言わなければ意味がない。

フルカウントでランエンドヒットの形になることはよくあるが、単独のエンドランとしてはバント失敗で走者を二塁へ送れずに追い込まれたときや、打順が下位でゲッツーを避けたいときなどに多い印象がある。

攻撃側が走者一塁でエンドランを仕掛けてきた場合、走者が走ったからと言って一目散に二塁ベースカバーへ入ろうとすると、ショートのポジションががら空きになってボテボテのゴロでもヒットになってしまう。だからエンドランへの対応としては、あまり早めには動かないこと。打者が打ったときには打球を処理できて、なおかつ打者が空振りしたときにはベースに入れる体勢を整えておくことが大切だろう。

また実際に打球が飛んできた際は、ゲッツーを狙えるのかどうかという部分を判断する必要がある。基本的には通常時にゲッツーを取れる打球であれば、二塁がセーフになっても一塁をアウトにできるので、勝負すれば良い。

ただ、二塁送球をしたらオールセーフになってしまう可能性がある打球の場合は、最初から一塁へ送球。ショートだと、たとえば三遊間寄りに打球が飛んだ時点で潔くゲッツーは諦める。あとは二遊間寄りに強めの打球が来たらどうするか。ただ一塁走者がスタートを切っているわけだから、よほどゲッツーを取りやすい打球でない限り、無理をする必要はないだろう。

バントとバスター

★バッターをよく観察する

走者一塁で攻撃側が送りバントを仕掛けてきた場合、ショートは送球に備えて二塁ベースカバーに入る。このときもエンドランと同様、動き出しが早すぎるとバスターに切り替えられてボテボテのショートゴロがヒットになる、ということになりかねない。

また意表を突いて、ショート前へのプッシュバントをしてくる可能性だってあるだろう。そもそもバントの場合は二塁ベースに急いで入る必要もないので、打者がバントをしてから動く、くらいの感覚で十分だと思う。

バントをするのか、それともいったん引いてバスターに切り替えるのか。そこは打者がバットを持つ位置や構え方などを常に観察していれば、違いがすぐに分かる。たとえばバントのときはしっかりバットの芯あたりを握っているのに、バスターのときは少し握りが浅くなったり。私はそういうものをたくさん見てきたので、逆に自分が打席に立つときのことを考え、練習などでは鏡の前でバントとバスターの構えに違いが出ていないか、細かくチェックしていた。どうしても相手に悟られてしまうのであれば、バントの構えからバスターの動きを作ろうとするのではなく、バスターをするときの最初の構えでバントもできるように練習すると良い。バスターの動きのほうにバントを近づけていけば、違いは分かりにくくなる。

走者二塁からの送りバントでは、よほどの状況であればサードが前に出てショートが三塁ベースに入るというシフトを敷くこともあるが、普段は特に動くことがない。ただ、打者がバントを空振りしたときに走者が飛び出すケースは多いので、キャッチャーからの送球に備えて二塁ベースにサッと入る準備はしておく。

それと確実に送りバントが考えられるケースなのであれば、走者のリードを１歩でも縮められるような努力はする。現実には打者のバント技術しだいで犠打は成功してしまうものだが、それでも走者が思い切ってリードを取れないようにしておけば、わずかでも阻止できる可能性が高まる。

走者三塁のギャンブルスタート

★初球は特に注意

走者三塁の場合、スクイズなどを仕掛けてくるかどうかという作戦面を読んだりもするが、ショートのプレーとして意識するのは内野ゴロでの本塁送球だ。

特に気をつけなければならないのが、打者が打った瞬間にスタートする、いわゆるギャンブルスタートを仕掛けてくるかどうか。三塁走者がギャンブルスタートを仕掛けてくるのであれば、こちらも打球に対して少々ギャンブル気味に突っ込んでいき、捕ったらすぐ投げることを意識しなければならない。プレーとしては難しくなるが、心の準備ができるだけでも精度が変わってくる。

ギャンブルスタートの見極めをする上で、一番難しいのが打者への初球。1球でも見ることさえできれば、三塁走者のリードの仕方や投球後の出方、インパクトでの体重の掛け方などで察知することができる。しかし、初球をいきなり打たれたら分からない。かと言って、走者が走っていないのに焦って投げようとしてミスをしたらもったいない。だから走者三塁のケースでは、いつも「初球は打つんじゃないぞ」と思いながら守っていた。

本題からは逸れるが、野球において初球というのは難しいものだ。たとえばバッテリーの配球にしても、打者が何を待っている分からない初球が一番怖い。あくまでも1球投げたことで打者が反応し、そこから組み立てていくから配球になるのであって、初球を打たれたら構想も何もすべて崩れてしまう。だからと言って、すべて様子見のボール球から入ると今度はカウントが悪くなりやすい。だからこそ捕手には洞察力や感性が求められるのだろうし、相手打者の苦手なところから入るのが定石とされているのだと思う。

話を戻そう。いずれにしても、少しでも情報があればギャンブルスタートへの対策はできる。あとは、カウントを追い込んでから急にギャンブルスタートに切り替わることなどもあるので、「この走者は走らない」と決めつけないこと。そして、急にリードが大きくなったとか、構え方が変わったとか、そういう変わり目を見ておけば、ギャンブルスタートに切り替えてくるタイミングは察知できる。

走者一・三塁の重盗

★ほとんど本塁へ投げるつもりで準備していればいい

走者一・三塁で一塁走者がスタートし、キャッチャーが投げたタイミングで三塁走者が本塁を狙う。そんな重盗への対応は、キャッチャーとショートの共同作業になる。これでホームインを許してしまうのであれば、どちらかの技術が不足しているのだろうと思う。

まずキャッチャーが何も考えず、間髪入れずに二塁へ送球してしまったら、三塁走者が思い切りよくスタートを切ってホームインになる。だが投げる前にチラッと三塁走者のほうを見ることができれば、走者は一瞬でも警戒してくれるので良いスタートは切りにくい。中日時代、マスクをかぶっていた谷繁元信さん（元・中日監督）などはやはりパッと見て三塁走者を目でけん制してくれたので、すごくやりやすかった。

一方でショートの動きとしては、一塁走者の盗塁に対応しつつ三塁走者が走ったら前に出て、送球を途中でカットして本塁へ送球する。そのためにも二塁ベースの1歩手前（本塁寄りの位置）に入ること。二塁ベースにそのまま入ってしまうと単純に距離が長くなるだけでなく、送球が逸れたときには走者とクロスしたり、ショートバウンドにも対応しにくかったりして、本塁送球へ切り替えるのが難しくなる。

優先するのはあくまでも、後ろの一塁走者よりも前の三塁走者。だから、まずは「三塁走者が走るものだ」と思いながらベースの1歩手前に入り、キャッチャーが投げる瞬間に三塁走者の様子をチラッと見て確認。スタートを切るようであれば一塁走者を諦め、すかさず前に出て本塁へ送球する。三塁走者のスタートがフェイクだったとしても、それはそれで構わない。
そして、三塁走者がスタートを切らない場合は実際の送球と相談し、アウトにできそうであれば1歩下がりながらベースに入って捕球後にタッチする。
重盗というのは基本的に、接戦のときか相手がリードしているときに仕掛けてくるものだ。こちらが余裕を持ってリードしている状況で仕掛けられても、1点を守るよりは一塁走者を優先してアウトカウントを稼いでいけばいいという判断になるので、かく乱されることは少ない。つまり、こちらが1点も取られたくない状況でギャンブル的に仕掛けられることが多い、ということ。そう考えると、ショートはほとんど本塁へ投げるつもりで準備していれば良いのではないか。

内野フライの捕球

★まずは追って、自分が捕れると思えば「オッケー！」と言う

現役時代はフライを落としたら野球を辞めようと思っていたくらいで、落下地点にしっかり入っていながらフライをポロッと落としたことは一度もない。プロの世界でもフライを落とすシーンはたまに見られるが、それはずっと追っていきながら最終的に落下地点に入れなかったか、もしくは打球を見失ってしまったケースだろう。

ドーム球場では天井の景色が屋外と違うため、特にデーゲームなどではフライが見づらい。ただ、それでも打者のインパクトの瞬間とバットの軌道、さらに打球の上がり方を見ておけば、落下地点はある程度予測できる。逆にそこからいったん目を切ってしまうと、打球を見失ってしまいやすいので気をつけたい。

内野フライの捕球はどのポジションが優先というものはなく、捕れる人が捕ればそれでいいと思う。打球を追っていきながら、声が重なって誰が捕るのかハッキリしないときは周りからの指示に従うことになるが、基本的には打球を追っている者同士で話し合えばいい。

内外野の間に飛んだ打球では外野手が優先とも言われるが、外野手から声が出なかった場合は基本的に内野手も追わなければならない。

それと屋外の球場であれば、風の向きや強さも考慮しなければならない。私は屋外の球場でプレーするとき、「オレが捕る！」と声を出して追っていったことは一度もない。「とりあえず追ってみようかな」くらいの感覚で追っていき、「あれ？　落下地点に入っち

ゃったぞ。じゃあ自分が捕ればいいな」と。
　フライが苦手な人というのは、打球が上がった瞬間から先に「オッケー」と声を出してしまうことが多い。それだと自分が捕ることが早めに確定してしまっているので、途中で打球が風の影響を受けて思わぬ方向に動いても、自分で追っていくしかなくなる。だからバランスを崩した状態で捕ることにもなるし、それでいて最後にスッと諦めたりするから、捕るつもりのない周りの選手も「えっ？」とビックリした反応になる。

　コーチ時代、風があるときは内野手によく「フライをあまり一生懸命に追うな」と言っていた。打球が落ちてきて「自分だ」と確信できたら声を出せばいいのであって、捕れるかどうか分からない段階で早めに声を出してしまうのはリスクが大きい。「オッケー」と声を出したのであれば、その時点で責任を取らなければならないのだ。

中継プレー

★打球がフェンスに届かなければ外野手に投げさせる

外野に打球が飛んだ場合、ショートはカットマンとして中継プレーに入る。

私のイメージでは、打球がゴロで抜けてフェンスまで到達したケースについては、こちらが距離を詰めていく。この場合、外野手は足を止めた状態でボールを捕るわけだから、走ってきた勢いを利用して投げることはできない。ボールをいち早く離すことのほうが先決なので、カットマンは目いっぱい走って距離を詰めてあげたほうがいい。

ただ、基本的に外野手は肩の強さを備えているものだ。だから、それ以外のケースについてはある程度離れた位置でカットに入り、助走をつけながら長い距離を投げさせていく。

たとえば左中間や三塁線へのヒットが二塁打になるのを阻止したい場合であっても、打球がフェンスに到達しないのであれば、基本的には一人で投げてもらったほうがいい。わざわざ中継プレーを行って捕ってから投げるまでの時間を掛けるのであれば、その分だけボールが進んでいく距離を稼いだほうが二塁ベースには早く到達するだろう。

そもそも内野手が途中でカットするケースというのは、走者が走るのをやめている場合か、もしくは外野手の送球がラインを逸れたときだ。当然、後者の場合はセーフになるのであって、こちらがカットしてもアウトになるようなら、それは走者の暴走だと思う。逆に言うとカットなしで外野手が送球してきたときに、間一髪のタイミングでセーフになれば好走塁ということ。
したがって走者が走っている場合、私は最初から送球をカットしようとは思っていない。自分に向かっていいボールが来ればスルーし、そうでなければカットする。
あとは走者の動きを確認したとき、たまに「このタイミングで走ったら明らかにアウトだろう」ということがある。そういうケースではカットしてもアウトになるので、確実性を重視してカット。また土のグラウンドであまりバウンドを多くしたくないとき、あるいはマウンドに当たってバウンドが変わる可能性もあるセンターからの送球などは、カットする可能性も高いので準備を整えている。

★体のやや右側で捕球しながら振り向きざまに投げる

中継プレーの動きそのものに関して言うと、昔はよく「半身になれ」と言われたが、その必要はないと思う。半身になることを意識しすぎると最初から半身で構えてしまい、送球が背中側に来たとしたら体勢を立て直してから投げなければならない。むしろ正面を向いて構えておいたほうが、左右どちらでもスムーズに動ける。そして、外野手からいい送球が来たらそのまま半身になってステップしていけばいい。
私の感覚としては、カットに入る際はまず送球する場所とボールを結んだライン上に入る。そして外野手に正対した状態で構え、送球が来たら体のやや右側で捕って体をクルッと回転させながらステップして送球。捕ったら振り向きざまに投げるイメージだ。
状況によってはショートが長い距離を投げなければならないときもあるが、「あの辺にバウンドさせればちょうどいい」という落としどころさえ分かっていれば、ワンバウンド送球であっても苦にはならない。あとは速いボールを投げること。ある程度のスピードがあれば、ノーバウンドだろうがツーバウンドだろうが目的地に早く到達してくれる。

また、無理に高く投げてラインを外すよりは、ラインを外さずに低い送球をしたほうがいい。ボールを受けるサードやキャッチャーが動いてしまうようでは、捕ってからタッチに行くまでの時間のロスが生まれてしまう。送球の高低よりもコースを間違えないこと。そのほうがアウトになる確率は高くなる。

それともちろん、カットマンは走者の状況をチラッと見て確認することも大切だ。走者がどこにいて、どう動いているか。内野手であれば、そこは常に意識している。さらに私の場合は走者が回ったかどうかというのを、お客さんの歓声でも判断していた。ワーッと大歓声が上がったら一気にベースを回ったということなので、勢いよく振り向きざまに投げることを考える。球場によっては判断しにくいときもあったが、プロ野球であれば観客数が多いので、反応は意外と分かりやすかった。

▲外野手からの送球がラインを外れたり、打球がフェンスに達した場合はカットに入る。その際、送球に正対して捕ったら振り向きざま投げる

第5章

ポジショニングと対応力

ポジショニングの考え方

★配球と打球方向の基本を頭に入れておく

守備ではポジショニングも重要。特にショートは時間の余裕がないポジションなので、あらかじめ打球の来る場所を予測できるかどうかという部分は大きく問われる。

前提としてまず考えておきたいのは、ピッチャーが打者を討ち取ったとき、確実にその打球をアウトにできる位置にいることだ。バッテリーはあくまでも打者を討ち取る想定をして攻めているわけで、「作戦通りに討ち取ったのになんで野手がそこにいないんだ」というのが一番困ってしまう。

つまり守っている野手からすれば、バッテリーがミスしたときのことまで想定する必要はないわけだ。

そして実際にポジショニングを取るときの基本となるのは、「ピッチャーがこの球種で討ち取った場合、この打者だったらどの方向へ打球が飛ぶ可能性が高いか」。

ひとまず各打者の個人的な特徴は置いておいて、まずはベースとなる部分をすべて把握しなければならない。打者の左右、投手の左右における各対戦を考え、ストレート、スライダー、カーブ、フォークなどを投げたらそれぞれどうなるか。また球種だけでなくアウトコース、インコース、高め、低め…。私の場合、こうしたセオリーは高校時代に「すべて覚えなさい」と言われて叩き込まれた。そこを頭に入れておいた上で、各打者のバットの出し方とスイング軌道、さらに打ちにいくタイミングを当てはめていけば、打球方向が見えてくる。

たとえば走者一塁、右投手が右打者に対して外角低めのスライダーを投げたとする。その意図としてはおそらく引っ掛けさせて５－４－３、あるいは６－４－３のゲッツーを取りたいわけだから、ショートとしては「少し三遊間寄りにいたほうがいいかな」という発想になる。

また、その場合だとセカンドはやはり通常よりも引っ掛けた打球を想定するわけだから、二遊間寄りに位置するだろう。そこで万が一、一・二塁間を抜かれたとしても、これは打者が上手かったのであって、決してポジショニングのミスではないので気にする必要はない。むしろ、ここでショートが変に気を回して二遊間方向に寄ってしまい、討ち取るはずの三遊間へのゴロが外野へ抜けていってしまったときのほうが問題だ。

想定していないところへ打たれてしまったときは、ピッチャーが悪いか、打者が上手かったか。そういう逃げ道を作っておかないと野手は動くことができない。たとえば“右対右”で内角シュートを投げて一・二塁間をキレイに抜かれたら、詰まらせることができなかったピッチャーが悪い。内野手からすれば、詰まってボテボテのゴロになるか、もしくは打者が詰まる前にさばこうとして引っ掛けたゴロになることを想定しているのだ。

★外野への球種の伝達はショートが行う

また当たり前の話だが､ポジショニングというのは「討ち取り方」を考えるわけだから、守備全体で連動するものだ。ただ、内野手はキャッチャーのサインが見えるから各自で対応すればいいが、外野手は遠くにいるのでサインが見えない。だから、特に見やすい位置にいる二遊間はキャッチャーのサインをすべて把握し、背中側に手を回して指でサインの内容を外野手に伝えなければならない。

一般的には、外野手へのサイン伝達はショートが行うことが多い。最近はプロの世界でもサインを伝えていないショートを見ることがあるが、そうするとポジショニングのミスが起こってしまう。典型的なのが、フォークのような鋭く落ちる変化球を投げるケース。ここで高めに浮いたり、キレが甘かったりして外野手の頭を越える長打を打たれるようなら、それはピッチャーの責任。外野手はそれを考えず、バットで上手く拾われたときのポテンヒットをケアして定位置よりもやや前に詰めておくのが普通だ。

しかし、ショートがサインを伝えていなければ外野は寄ってこない。その結果、簡単にポテンヒットを許してしまうというシーンをよく見る。こういうミスは防げるはずだと思う。

なおキャッチャーのサインを把握することは必須だが、バッテリーの配球の意図まで細かく考えると自分の頭の中で勝手にパターン化してしまい、裏をかかれることも出てくる。だからあくまでも、内野手としては打者のタイプと傾向をもとにポジショニングを判断していけばいい。

ポジショニングというのは本来、1球ごとに変化するものだ。一人の打者に対して「この位置」と決めたら最後までずっとその場所にいる選手もよくいるが、球種によって微妙に変えていくという意識を持っておくとさらに幅が広がると思う。

ただ、むやみに大きく動けばいいというものではないので、基本は定位置だと考えておけばいい。外野手であれば守備時の移動距離が長いため、わりと極端に数メートル動くことも求められるが、内野手だとベースカバーが遅れるリスクなどもある。
また、そもそも一方に動くということは、逆にもう一方のスペースを広げるということ。いくら裏目に出たときのことを考えなくていいとは言え、大きく動いてヒットゾーンを広げすぎるとやはり無理が生じる。

さらにヒット性の打球に対しては、こちらがいくら頑張ってもアウトにするのは難しい。守備というのはあくまでも、討ち取った打球を確実にアウトにすることが前提だ。だから動くとしても１～２歩程度か、もしくは１歩も動かずに意識だけを持っておく。意識を強めて構えておくだけでも、想定している方向へ早めにスタートを切ることができるので、ポジショニングの効果はある。
あとポジショニングを取る際に気をつけなければならないのは、早めに動きすぎないこと。あからさまにショートが三遊間に寄ったのが分かってしまったら、相手だって「じゃあ広く空いている二遊間に打とう」となる。高校野球などでは内外角のコースに合わせて内野手が左右に動くシーンもよく見られるが、ピッチャーが投げる前に動いたら打者に悟られてしまうだろう。そう考えてもやはり、チームの作戦としてシフトを敷くときは別としても、あまり大きく動きすぎないのが基本ではあると思う。
アメリカのメジャー・リーグなどでは、データに基づいてシフトを極端に敷くという。ただ日本の場合、どちらかと言えば広角に左右へ打ち分ける打者が多く、極端に「この方向しか打たない」というケースはなかなか少ないので、極端なシフトを敷くのはリスクが大きい。またメジャーリーグにしたって、普段は確率を重視して守っているかもしれないが、ポストシーズンのここぞという場面などではデータの裏を突いてスペースの広いところを狙って打ったり、意表を突いてセーフティーバントをする選手なども現れる。ということは、データはあくまでもデータであり、１００％とは言い切れないのだ。仮に99％だったとしても、残り１％が勝敗を左右する大事な場面で起こり得るのであれば、そのリスクは回避したいところだ。

★バッターのバットの角度を注視

ポジショニングを考える上で、打者を見るポイントについても説明しておこう。

基本的にはバットの軌道を見ておけば、どの方向へ打球が飛びやすいのかは分かるものだ。たとえば左打者の場合、バットのグリップが内側から出てヘッドの面がこちら（ショート）を向いているのであれば、センターから左方向に来やすい。逆にバットのヘッドが勢いよくパッと返っていくのであれば、センターから右方向へ引っ張っていく傾向にある。前者であれば三遊間寄り、後者であれば二遊間寄りを意識するのが通常だろう。

そういったスイングの特徴というのは、ファウルや空振りであっても「タイミングよく当たっていたらこの辺に飛んでいただろうな」と感じ取ることができる。

そして、そこに球種やコースなどを踏まえて、微妙に守備位置の意識を変えていく。たとえば先ほどの前者の場合でも右投手がスライダーを投げるのであれば、左打者が引っ掛ける形になってヘッドが返り、ピッチャーの頭上を越えてセンター方向へのゴロになるということは頭に入れておかなければならない。一方で逆に外角ストレートを投げる場合は、基本的に打球は三遊間寄り。甘く入って一・二塁間に引っ張られたら、それはピッチャーの責任だと割り切って考える。

それと注意しておきたいのは、打者が打席の途中で打ち方を変えてきたとき。若いカウントでは思い切り引っ張っていた打者が、追い込まれたらセンターから逆方向を狙ってくるケースはよくある。

また逆に、センターから逆方向ばかり狙っていたのが、カウントを追い込まれたら「全部引っ張ってやろう」と変わることもある。打者も１球ずつ対応してくるわけだから、こちらもカウントはもちろん、構えの雰囲気やタイミングの取り方などの変わり目は見ておかなければならない。

私の経験で言うと、守りにくかったのはヤクルトの青木選手。逆方向に合わせていると思って私がパッと三遊間に寄ると、彼はインパクトでガツンとヘッドを返して二遊間に打ってきた。

逆に引っ張る傾向が強かったときも、私が二遊間へ寄ると今度は打球を強引にでも流して三遊間へ。ショートの動きを見て打ち分けているのかと思うくらい、相性が合わなかった。実際に私の守備位置まで見ていたのかは分からないが、ヒットゾーンをしっかりと見て打ち分けていたのだろうと思う。だから彼が打席に入るときだけは「逆を突かれるくらいならムダに動かないほうがいいな」というスタンスで守っていた。

また、相手ピッチャーが右打席に入るときなども実は少しだけ守りにくかった。「おそらくプロのボールを引っ張り切ることはできないだろう」と思っているところに、いきなりショートゴロなどが来ると一瞬ドキッとしたものだ。

逆に守りやすかったのは、常にスイングが一定の打者。ツボにハマったら打つこともあるが、凡打は決まってショートゴロ。そういう場合は「絶対に飛んでくる」と思っているから準備もしやすい。

★足の速いバッターだからといって前に出ない

ちなみに先ほどの青木選手もそうだが、足の速い打者と対戦するときは逆に集中力が増した。少しボールを握り損なうだけでもセーフになると思っているし、「ここは腕の見せ所だ」と気合いが入った。特に阪神の赤星選手などに対しては、打球の読みやプレーのスピードも完璧にこなさなければアウトにできないので、対戦するのが楽しかった。あれほどまでにスピード感のある選手は、後にも先にもいなかったように思う。あとは意外と言ったら失礼かもしれないが、金本知憲さん（元・阪神監督）も速かったイメージがある。

ポジショニングの面では、足が速いからと言ってやみくもに前に出て守ると、ちょっと横に逸れただけで打球が外野に抜けるなどヒットゾーンを広げることになってしまう。したがって私の場合はすべての打球をカバーするのではなく、三遊間寄りか二遊間寄り、どちらか一方の打球を意識するようにしていた。たとえば「三遊間は内野安打でも仕方ないけど二遊間だけは絶対にアウトにする」といった意識で守れば、二遊間に来たときは素早く反応してアウトにできる確率が高まる。

さらに、足の速さについて細かく言うと、右打者の場合はどれだけ俊足であっても少し下がり気味で守ることができる。それでも泳ぎ気味で打ってきた場合はそのまま一塁へ走り出せるが、バットをしっかり振り切っている場合は間違いなく1歩目が遅くなる。逆に左打者は俊足でなくても、一塁に早く到達するので気をつけなければならない。片手でポーンと当てるだけのようなショートゴロであれば、勢いをつけて走れるからさらに先へ進んでいたりする。右打者が振り切ってから走るのと、左打者が泳ぎながら走るのとでは、かなりの時間差がある。だから打者の左右はもちろん、振り切ったときの姿勢も頭に入れておかなければならない。

そして、走者の位置を見ることも大切だ。細かく言えば顔を向けてパッと見るのではなく、捕球体勢に入ったあたりで視界に入ってくる走者の位置を感じ取る、というほうが正しい。そうすれば「これくらいのスローイングの強さであれば間に合うな」と把握して、心に余裕を持って投げることができる。もちろん、捕球そのものが疎かになってはいけないので、この技術を習得するには場数が必要。ひたすらノックを受けるだけでなく、実際の打者と対戦する経験も重ねていくことが大切だ。

守備隊形

★前進守備では横の動きを意識

先ほどまで話してきたポジショニングは各選手の予測に基づくものだが、もちろん試合の状況によってはチームとして守備隊形を決めることもある。

守備隊形は、大まかには次の4つが挙げられるだろう。

- **定位置**
- **ゲッツー態勢**
- **前進守備**
- **中間守備**

二塁での併殺を狙うゲッツー態勢は、私の中では定位置よりも2歩ほど二塁ベース寄りに詰めるイメージだ。あまり詰めすぎてもヒットゾーンが広がってしまうし、かと言って二塁ベースに入るのが遅れたらリズム良くゲッツーが取れないので、ちょうどいい位置にいなければならない。

前進守備を行うのは、本塁で走者を刺したいときだ。ただ私の感覚としてはあまり前に出すぎず、守るのはマウンドの斜め後方。言葉で言えば、だいたいサードとセカンドの定位置を結んだライン上あたりになると思う。また最初から前に詰めているわけだから、三塁走者の足が速いからと言って「前に行かなきゃ」という意識はない。むしろ横の動きを意識するほうが大切で、特に二遊間寄りの打球に対して反転しながら投げるイメージは持っておかないといけない。

あとは一か八か勝負しなきゃいけない場面なのか、それとも確実に本塁で刺せる打球だけ投げる場面なのか、状況を頭に入れておくこと。そして「どこまでの打球だったら本塁へ突っ込んでいけるのか」という線引きさえしておけば良い。

中間守備は二塁でのゲッツーか本塁送球か、どちらも狙いたいときの守備隊形。“中間”という名の通り、ゲッツー態勢と前進守備のちょうど中間あたりに守るイメージを持つ。特に走者一・三塁や満塁のときには中間守備を取ることが多く、二塁でのゲッツーか本塁送球かを決めるのは状況によって変わる。

たとえば、点差を大きくリードしている状況や試合の序盤であれば、1点を守ろうとして無理に本塁へ送球してミスが出てしまうよりは、確実にアウトカウントを増やしたほうがいい。だから三塁走者はほとんど無視するようなイメージで、二塁でのゲッツーを優先することが多い。

だが試合が中盤や終盤まで進んでくると、今度は1点が試合を左右する割合も大きくなるので、本塁へ送球するイメージを強めていく。そして、「エンドランが来たら一塁走者は諦めて本塁へ送球しよう」とか「本塁優先だけど、確実にゲッツーを取れる打球の場合のみ二塁へ送球しよう」などと、いろいろなケースを想定しなければならない。

いずれにしても中間守備の場合、送球場所の最終的な判断は守っている選手、特に二遊間に委ねられる。もしベンチが二塁でのゲッツーを優先してほしければゲッツー態勢、本塁で刺すことを優先してほしければ前進守備に寄せるような指示を出せばいいわけで、そうでなければ現場が「ゲッツーを取れる」と思ったら二塁送球、「ゲッツーは無理だ」と思ったら本塁送球というのが基本の考え方だ。

また、二遊間の選手は自分たちのさじ加減で前後にポジションを動かしてもいい。たとえば右打者で「右方向には強い打球を打つけど、左方向には詰まったボテボテの打球しかいかない」という特徴があれば、セカンドが少し下がってショートが少し前に出る。打球傾向に合わせてそういった調節もできるようになると、アウトを取りやすくなる。

★自信をつけないと守備範囲が狭くなっていく

最近のプロ野球では、定位置に守っているつもりの内野手が私の中でのゲッツー態勢の位置にいたり、またゲッツー態勢が私の中での中間守備の位置、中間守備が私の中での前進守備の位置だったりする。そして、引っ張り傾向の右打者で足もあまり速くないというケースになって初めて、私にとっての定位置で守っている。おそらく「この位置ならアウトを取れる」という自信がなく、ゲッツー態勢ならとにかく「ゲッツーを取らなきゃいけない」、中間守備なら「本塁にも投げなきゃいけない」、前進守備なら「本塁で絶対にアウトにしなきゃいけない」という気持ちが強すぎて、余裕がなくなってしまっているのだと思う。

しかし、それでは守備範囲がどんどん狭くなってしまうので、まずは失敗を恐れずにチャレンジしてほしい。そして結果的にアウトを取れなくても、「じゃあ今度はアウトを取れるようにもっと動きを上達させよう」、もしくは「あの打球だったらこっちに投げなきゃいけなかったんだな」と考え、反省点を次につなげていけばいいのだ。

視野を広く持って観察する

★相手ベンチの動きを観察

ショートは対戦相手にかかわらず、今までに起こったプレーはすべて頭に入れておかなければならない。そして、その場面では盗塁があるのか、エンドランがあるのか。それともバント、スクイズ、重盗…。たとえ年に１回のプレーであっても、相手が何か仕掛けてくる可能性がある限りは「予期していなかった」ということが絶対にないようにしたい。

そのためには、視野の広さや冷静な判断力が必要になる。たとえばゲッツー態勢で守るときにしても、打者の足が速いからと言って変に前に詰めようとするのではなく、逆に「ゲッツーを取るのは難しい」と判断して最初からやや後ろ気味に守っておけばいい。その代わり、二塁ベースの近くで捕ったゴロだけは自分がベースを踏んでゲッツーを取りにいく。他の打球だったら、まずは一塁走者を二塁でアウトにすることに専念する。そうやって限定して考えておくと、むしろ慌てずにプレーできるから上手くいくことが多い。

また相手の作戦を見抜くという部分についても、視野の広さが問われるだろう。相手ベンチのサインの出し方やサインを受けた選手の仕草、表情まで観察し、ちょっとした変化を見逃さないことが大事。ファーストやサードはどうしても全体を広く見渡せない位置にいるので、その役割はやはり二遊間の選手になると思う。

プロ野球の場合、攻撃のサインの出し方はいろいろな動作を組み合わせるブロックサインがほとんどだ。しかも、基本的にはまずベンチから三塁ベースコーチに伝達し、三塁ベースコーチから打者や走者に伝達するという２段階に分ける。より複雑なので、一見すると見破るのは困難な印象を受けるかもしれない。
ただ、攻撃パターンというのはどのチームも大きく変わらないものだ。また多くて十数種類のサインがあったとしても、逆に何も仕掛けてこないときのパターンが見つけやすくなる。観察しているうちに「ここをこうやって触ったときは何もないな」というのが分かってくるのだ。そして逆に、その場所を触らなかった場合は、何かを仕掛けてくる可能性が高いということ。また、それでも何もなければ「じゃあ、どこかをキーにしてサインを決めているのかな」と考えていけばいい。
もちろん、シーズンが始まったばかりのときはまだ何も分からないので、その場の状況や相手の選手の仕草、また「この選手はこういう仕掛けをしてくる」というイメージを持って臨んでいく。だが初対戦であっても、何か仕掛けてくる場合は通常と違う雰囲気が伝わってくることがある。さらに同じ相手と何試合か戦えば「この場所を触ったときが怪しいぞ」というものが何となく見えてくるので、それをスコアラーに伝えて分析しておいてもらえば、シーズン後半あたりでは、何かを仕掛けてくるサインが出たかどうかくらいは分かるようになる。

三塁ベースコーチが途中で変わったり、同一リーグのチーム内で移籍が行われたりしたときは、シーズン中でもサインが変わる、あるいはサインを何パターンか使い分けてくる可能性はある。ただ、少し変えた程度であればすぐに分かるだろう。
そして相手の作戦がある程度分かれば、未然に防ぐことも考える。バッテリーや他の内野手に対して、仕掛けてくると思われるすべての作戦を声やジェスチャーで伝える。もちろん、相手に対して「こちらはすべて頭に入っていますよ」というアピールの意味合いもある。そうすると相手は「読まれているから変更しよう」なのか、「読まれていても強行しよう」なのかを選択してくるわけだが、仕掛けにくくなるのは確かだ。

一方で、逆に仕掛けてくれたほうがありがたいときもあり、声やジェスチャーで周りに伝えておけば準備もしやすい。

視野の広さについてもう少し言うと、打者の立ち位置が少し変わったとか、バットの握りがちょっと短くなったとか、そういう変化もすべて見ておかなければならない。ただそういう感覚があるからこそ、私は打者や走者のとき、いかに違いを出さずに同じ動作を繰り返すか、ということも考えていた。

また、あえて走るフリをしたり、何かサインが出たフリをしたこともある。そうやって考えさせる行為そのものが、実はボール球を稼ぐための作戦だったということもある。

だから守っている側からすれば、そういう駆け引きにも騙されないようにしておく必要がある。相手に騙されるということは、まだまだ観察不足だということ。キャッチャーも同じだとは思うが、ショートも鋭い観察眼を持っていなければならない。

球場の違いに対応する

★グラウンドでのバウンドの仕方や土と人工芝の違いを見極める

現役時代は多くの球場でプレーした。環境やグラウンド状況は本当にさまざまだったが、そこに対応するために試合前の練習があるわけで、いったんノックを受けてしまえば試合にはすんなり入ることができた。その点で言うと、高校生などはすごい。シートノックでほんの数球受けたらすぐ試合に入らざるを得ないものだから、よく試合だけで対応しているなと思う。

プロ野球では試合前にちゃんと練習の時間が確保されており、ノックを十分に打ってもらうことができる。まずはノッカーに体の正面に打ってもらい、そこから強い打球、弱い打球。そして左右に振ってもらったり、特殊な打球を打ってもらったり。さらには強い打球を要求し、自分ではいっさい捕らずに横から打球を眺めて、軌道の見え方やバウンドの仕方などのイメージをふくらませる。ここまでしっかりと傾向を確認できるわけだから、試合でも対応できるはずだ。また、人工芝が張り替えになったり、土の入れ替えがあったりしたときは、練習をして以前との違いを必ずチェックする。そこまでの準備もせずに、環境の違いでああだこうだと言うのは間違っていると思う。

そもそも野球以外のスポーツであっても、競技する会場が変わったところでちゃんと対応している。たとえば水泳にしたって、根本的に「いつもはプールの水だったけど今日は海水です」というのなら環境の違いに驚くのも仕方ないが、プールの水温が違ったり、50メートルプールから25メートルプールに変わったところで、アスリートたちはそれでもしっかりと結果を残している。野球ではグラウンドが土か人工芝か、という部分が最も大きな違いかもしれないが、そのあたりは準備すれば対応できるものだと思う。

人工芝と土ではバウンドの跳ね方が違うものだが、だからと言ってやりにくさはなかった。人工芝はバウンドが分かりやすく、土は逆にグラウンドがすぐ荒れるのでイレギュラーバウンドが多くなるが、甲子園球場の土の感覚などはむしろ好きなほうだ。

またショートゴロの場合、二塁走者のリードによって掘られた部分に打球が飛んでくるとイレギュラーをしやすい。だから私は1球ずつ、走者がリードを取ってベースへ戻るたびに走路を足でならすようにしていた。もちろん、そのスペースよりも前で捕れれば最高だが、そこで捕らざるを得ないケースだってある。だからこそイレギュラーしないように最善を尽くす。

そして、万が一バウンドが変わったときにも備えて、捕球体勢に入ったらできるだけグラブを落とした状態で我慢して、ボールをギリギリまで見ることは意識した。

一方、グラウンドが人工芝の場合はまずアンツーカーに注意しなければならない。先述したように芝との切れ目ではバウンドが変わりやすいし、アンツーカーに入った途端にボールが急に弾んだり、逆にスーッと弾まずに通りすぎたり、もちろんイレギュラーしたりもする。また、土のグラウンドだと目いっぱい走ってもスパイクでグッと踏ん張れば止まることができるが、人工芝のグラウンドでそれをやるとスパイクの刃が引っ掛かり、勢いで足首を持っていかれてケガをしてしまう可能性も高い。だからある程度、勢いをセーブしながら打球への入り方を考えなければならないだろう。

さらに付け加えておくと、グラウンドが土だからと言ってザザザッと足を擦っていくようなことはしない。走者二塁で一気にホームインというのを防ぎたいときは、何とか打球を止めるためにそういうプレーをすることもあるが、基本的にはそうやって捕ったところで、踏ん張って投げても手投げになってしまう。それならば最後までしっかりと足を使って移動して右側に乗せてから投げたほうがいいし、直線的に打球に入ってバックハンドで捕ったほうがスムーズにプレーできる。

★グラブを下に落として待つイメージで イレギュラーなどに対応できる

人工芝の球場に慣れていると、よく「人工芝用のプレーになってイレギュラーの多い土のグラウンドには対応しにくい」と言われたりもするが、それは警戒心が足りないからだと思う。

私の場合、そもそもどんな打球でも常にイレギュラーするだろうと思って対応してきたから、グラウンドが人工芝だからと言っていきなり軽いプレーになったわけでもない。土のグラウンドは確かにバウンドが合わないことも多くなるが、先ほども言ったように、よりグラブを下に落として待つイメージを強く持っておくこと。そうやって備えておけばイレギュラーバウンドやハーフバウンドにも対応できる。

打球の勢いについては、芯を食った場合は人工芝でも土でもそうそう変わりはないだろう。昔は球足に違いがあったのかもしれないが、最近の人工芝はボールが転がると打球が弱まるようになっている。そうかと思えば、雨が降って水分を含めば球足が速くなる。だからむしろ、天候によって左右される部分のほうが大きいかもしれない。

また、球場の景色によって、打球が見えにくくなるということはある。先述のドーム球場でのフライもそうだし、たとえば広島のマツダスタジアムでのデーゲームだと、屋外の球場で白いＴシャツを着たお客さんが多いため、日が射してくると眩しさを感じることもある。またファウルグラウンドが狭いケース、特にエキサイトシートが設置されてからは、ファーストまでの距離が近く感じた。ファウルゾーンが少し下っている神宮球場なども、ファーストまでが近く感じる。

逆にファウルグラウンドが広い球場では、ファーストまでが遠く感じるもの。だからスローイングでは、その距離感に惑わされないように注意した。

さらに、屋外の球場でナイターを行う場合は周りが暗い中で照明を使うため、目がショボショボしやすい。そこに備えて、ナイター練習をやるというのも大切なことだ。

▲土のグラウンドでも、人工芝のグラウンドでも警戒心を持ってプレーすれば、イレギュラーバウンドやハーフバウンドにも対応できる

第6章

遊撃手の感性

基本の大切さ

★年齢を重ねても守備範囲は変わらない

野球人生を振り返ってみると、プロ入りして30歳手前くらいまでは、守備について細かく考えていたように思う。だが、年齢を重ねていくうちに動き方はだんだんシンプルになっていった。

プロの世界でもよく「基本が大事」と言われるが、正直、ずっと意味が分からなかった。若いうちは「基本」からいったん卒業していろいろなことをやりたがるものだし、それも決して遠回りではなかったと思う。ただ、少しずつ動きが落ちてきたときに「やっぱり基本が大事なのかな」と思ってやってみると、いい感覚が芽生えてきた。そして、30歳手前あたりには「『基本が大事』というのは、基本練習を続けていくことでムダな動きを省いていく作業をすればいいということなんだな」と気付くことができた。

そこから基本を大事にしていった結果、体のスピードや肩の強さが落ちているのにもかかわらず、守備範囲は変わらずに守れるようになった。打球に対してふくらんで入ることをやめたら1歩縮めることができたし、下半身をしっかり使いながら捕ってから投げるまでのスピードを速くすることで、スローイングの力を補うこともできた。

幸いなことに、私は40歳まで現役を続けさせてもらった。ある程度のレベルで野球人生が終わっていたら、本当の意味で「基本が大事」とは言えなかったかもしれない。一周回って「やっぱり基本が大事なんだな」と感じられたことは、非常に大きいと思う。

よく「基本からの応用」という言葉も聞くことがある。だが、守備に応用はない。あくまでも、すべて「基本」で成り立っていると思う。

たとえば打撃で言うと、内側からバットを出していく。これは「基本」だと思う。そして、多くはそのスイングに基づいてセンターから逆方向に打ち返していくものだろう。ただ内角ギリギリに来たときなど、それだけではどうしても打てないケースも存在する。このとき、とっさに「あっ、このままじゃ完全に詰まらされる」と感じてポンッとヘッドを返し、強く引っ張っていく。これは誰にでもできることではないし、まさに基本があってこその「応用」だと思う。

しかし、守備にそういうプレーはほとんどない。あるとすればイレギュラーバウンドに対応するくらいだが、それにしても体の動かし方そのものは「基本」と同じ。「基本」がきっちりとできていれば、あとは警戒心さえ持っておけば対応はできるのだ。

★大きかった名手との出会い

そうやって「基本」を突き詰めるようになってからは、どんなに難しいプレーであってもあまり難しさを感じなくなった。ゴロを捕球して投げる前に肩に力が入ったり、思わず体の左側で捕ってしまったこともあるが、だからと言って「そこから足を使って最終的に体を寄せていけば大丈夫だ」という感覚があるから対応できる。プロ入りして基本の大切さを実感してからは、「今のプレーはここの筋肉を使ってこうやって股関節を動かしているからこうなるんだ」という部分が見えるようになったし、失敗しても何がダメだったのかがすぐ分かるから、困ることはなかった。

もう１つ、大きかったのはそんなタイミングで川相昌弘さん（元・巨人コーチ）が中日に来たことだ（２００３年シーズンオフに巨人から移籍）。当時39歳だった川相さんも名ショートとして知られており、試合ではアクロバティックな守備も見せていたが、練習を見ていると基本に忠実。体の正面で捕って、しっかりステップして投げる。シンプルにそれを繰り返して行い、派手さはないけれどもミスをしない。そんな姿を見て「目指すところはこういう守備なのかな」と思った。
川相さんからはいろいろと参考になる意見も聞くことができたし、その存在がヒントとなって自分の守備の方向性が決まったように思う。

上達するための練習とは

★守備に調子の波があってはいけない

守備を上達させるためには、決して特別な練習方法はない。
私の中ではとにかく反復練習をするしかないと思っている。たとえば、まずはボールを手で転がしてもらって、基本の捕球姿勢やステップの仕方を覚える。次はずっと捕球姿勢で待った状態でノックを打ってもらい、リズムよく捕球する感覚をつかんだら今度は足を使っていけばいい。あとは同じ捕り方を何度も繰り返し、反復して染み込ませていく。そんな感覚だ。
プロ入りしてからは、よりいっそう基本練習を重視した。特に多くやっていたのはノック。意識としてはやはり打球への入り方と、捕ってから投げるまでのリズムを大事にした。そこで基本動作ができていればそのまま試合に入っても問題なく守れるし、その過程でどこかおかしなところがある場合は体の状態もおかしいと判断して、手でコロコロと転がしてもらってゴロ捕球をしながら体の使い方を細かく修正する。よく「守備には調子の波があってはいけない」と言われるが、日によっては足が重いとか、股関節の動きが悪いということもある。また腰を落としたときにハリが出ることもあるので、入念に準備を整えておくことが大切だ。
それと調子の波を作らないためにも、どういう動きが良くてどういう動きが悪いかという基準は自分の中で持っておくこと。もう1

人の自分が客観的に自分の動きを判断して、「今の体の使い方は良かった」とか「今のプレーはこの部分がダメだった」というのを理解しなければならない。その感覚を生み出すのはやはり、反復練習で体の動きを染み込ませておくことだと思う。

ちなみに、プロの世界では腰を痛める人もわりと多いような気がするが、私はあまり腰を痛めることがなかった。股関節まわりの柔軟性アップと強化に結構取り組んでいたので、そのおかげで腰に掛かる負担も上手く逃がせてカバーできたのではないかと思っている。

ベテランになれば、思うように動けなくなるのは仕方のないこと。最初に衰えを実感するのはスピードだが、そのときになっていかにムダのないプレーができるかが問われてくる。若いうちは目いっぱい動いて、無理な体勢からブンブン腕を振って投げても、体に強さやスピードがあるからできてしまう。もちろんプロである以上は“魅せるプレー”も大事だと思う。ただ、基本を疎かにしていたら長持ちはしない。そこは実感している。

★誰からも認められるショートに

年間の流れで言うと、プロ野球ではシーズンが始まったらガンガン練習するということがない。試合前ノックでひと通り確認して、気になるところがあれば少し多めに練習して感覚や体のバランスを整えていく程度。だから試合中にコツをつかむことはあっても、打撃のようにひと振りの感覚で何かをつかんで激変する、といったことはない。

したがって技術そのものを高める時期は、シーズン後の秋季キャンプや自主トレ期間、そして春季キャンプになる。そして試合に出て経験を重ねながら、プレッシャーのかかる場面で打球が飛んできてアウトにできたことなどが自信になっていった。そうやって少しずつ上手くなっていくのが守備なのだろう。だからこそ、場数を踏むことは重要だ。エラーの数が増えたか減ったかではなく、どんな場面でも平常心でいられるかどうか。その部分が非常に大事だと思う。

若い頃はやはり、エラーをしなかったとしても少なからずドキドキ感があった。アウトにはしていても心拍数が上がっていたから、まだ本物の自信は持てていなかったような気がする。それが経験を重ねていくうちにだんだんなくなっていき、わりと淡々とプレーできるようになった。「いかなるときでも平常心」というのはなかなか難しいが、たとえば大量リードを許しているときや二死走者なしなど余裕がある場面と、ここでエラーをしたらサヨナラ負けという場面とで、気持ちの幅が少なくできるようにはなっていった。

２００７年の日本シリーズ第５戦、日本一を決めた試合での山井大介と岩瀬さんの完全試合リレーのときも、ただ勝ちたい一心で守っていたから、打球が飛んできたからと言ってプレーが小さくなるようなことはなかった。３勝３敗でこちらも崖っぷちの状況だったら違ったのかもしれないが、まだ逃げ道があったからそこまで心拍数が上がることもない。

現実的に言えば、プロ野球は負けてもその試合が終わってしまうだけで、次の日にはまた試合がある。逆にアマチュア野球で一発勝負のトーナメント、たとえば高校３年夏の大会などのほうが、本当に野球人生が最後になってしまう可能性もあるわけだからピリピリすると思う。プロ入り後もやはり、ワールド・ベースボール・クラシックなどの一発勝負の国際大会では、普段の試合とは比べ物にならないほどの緊張感があった。

ただ、そういう場面をどう凌ぐかという部分こそ、私たちは普段から突き詰めているわけで、特にショートは「この場面でこの人がエラーしたんだったら仕方ない」と言われるくらいまで練習をしなければならない。そう思って取り組んでいたし、先輩だろうが後輩だろうが、チームメートだろうが首脳陣だろうが、誰からも認められる存在でなければならないと思っている。

ピッチャーへの声掛け

★年上のピッチャーにはキツい言葉を

　ショートは全体を見渡せるからこそ、試合の流れやピッチャーの状態なども客観的に見えている。だからタイムを取ってバッテリーと内野手がマウンド上に集まったとき、あるいは守備位置からの一対一でも、ピッチャーに声を掛けていくことはショートの大事な役割の１つだ。

　ピッチャーが年下だった場合、私は言葉を選んで、勢いに乗せてあげるひと言を伝えていた。ガンガン厳しく言うのは簡単だが、それが威嚇する形になってしまったら困る。苦言を呈したい場合も試合後の反省でやればいいわけで、マウンド上でそれをやって得することはない。試合中はいかに委縮させず、なおかつ我に返してあげるか。そこが大事だと思っていた。

　逆に年上のピッチャーにはキツいひと言も浴びせていた。年長者なのだから結果を残すのは当たり前で、こちらが噛みついて「なんて生意気なヤツだ」と思われるくらいがちょうどいい。

　年上の人に気休めのひと言を言っても、頭には入らない。むしろ、聞き捨てならないひと言を言って「ん？」と思わせたほうがハッとして我に返るし、こちらも「あぁ、ちゃんと冷静に聞いているんだ」という確認ができる。また、少しくらいカーッと頭に血を昇らせたほうが奮起してくれる。

　だからレジェンドと言われる山本昌さんや岩瀬仁紀さんなどにも、平気でガンガン言っていた。

「何やってんすか」

「一体いくら貰っているんですか。相手なんか（年俸）○○万そこらしかもらっていないのに、何ビビッとんすか」

もちろん、これは私がある程度レギュラーとして定着してからの話だが、俯瞰して物事を見てコントロールできるのがショートだと思っている。

難しい打球とやさしい打球

★難しい打球ほど軽くさばき、やさしい打球ほどていねいに

いいショートとは？

そう問われても、人それぞれに判断基準が違うものなので一概には言えない。ただ私の感覚では、エラーをしない選手が上手いショートだと思う。だからと言って守備位置が浅かったり、際どい打球は簡単に追うのをやめたりと、プレーをセーブしている選手、守備範囲が狭い選手ではいけないと思っている。

そのあたりを総合的に考えると、２０１９年現在の現役選手の中で一番「上手いな」と感じるのは西武の源田選手だ。ただ、彼の場合は難しい打球でもやさしい打球でも、すべて同じようにさばいている印象を受ける。注文をつけるのであれば、難しい打球は今のように軽やかに対応すればいいと思うが、わりと簡単な打球のときにもう少していねいさが出てくると、イージーミスが減ってさらにグッと良くなると思う。

難しい打球ほどパパッと軽くさばき、やさしい打球ほどていねいに処理する。そのメリハリを心掛けることで守備の安定感は増していく。この感覚が真逆になっている人が意外と多いのだが、難しい打球を大事に行こうとするから動きが硬くなってミスが起こってしまう。またやさしい打球を軽く処理しようとするから、小手先にミスが起こってしまう。

本来、難しい打球というのは余計な力を抜いてハンドリングを上

手く使わなければ処理できないものだ。むしろ遊び感覚のほうが良いくらいだろう。逆にやさしい打球はミスが出たらもったいないので、より確実に処理したほうがいいと思う。

ちなみに、難しい打球におけるグラブさばきの感覚だが、私には決して幼少期からボール遊びなどで小手先の器用さを養ったりした経験などない。そんな私でも処理できたわけだから、上手く力を抜く感覚さえ身につければ良いのだと思う。

また方法としてよくやったのは、ノックで速い打球を打ってもらい、あえて打球の正面に入らずボールを避けながら捕る、というもの。打球の正面に入ってしまったらそこで足が固定されるため、次の足が出てこないし、ハンドリングも使いにくい。力を抜かなければ打球を避けることはできないので、柔らかさを生み出すためにはいい練習だったのではないか。

さて、あとは状況に応じて、軽いプレーとていねいなプレーをどう使い分けるか。たとえば同じ三遊間寄りのショートゴロでも、走者二塁で絶対に本塁へ返したくない場合はとにかく体を打球の正面に入れて“ていねいなプレー”をする。最悪、体で止めて内野安打でもいいから、打球が外野へ抜けることを阻止するわけだ。ただそれが二死三塁だったとしたら、いくら打球を止めたところで、打者を一塁でアウトにしなければ失点してしまう。

そうなると一か八かでも、アウトにできる可能性が高い捕り方をしなければならない。必然的にバックハンドで捕ってパパッと処理する“軽いプレー”を選択するだろう。

またプロ野球の場合は特に、根本として結果を出さなければ意味がない。だからこそ、基本的には「いかにアウトにできるか」という部分を常に考えておかなければならない。

守備の評価

★広い守備範囲を目指しながらも
限りなくエラーの少ない選手に

守備のタイトルである「ゴールデングラブ賞」はやはり、ずっと獲り続けたいものだ。一度でも獲ったらもう満足だという人は、おそらく一人もいないと思う。私も後輩たちには「とにかく1回獲れ」と伝えてきたが、この賞を獲ると守備への意識が一段と高くなる。周りから「守備の上手い人」という目で見られるようになって自覚も生まれ、一生懸命に取り組むからさらに上達できるのだ。

守備を突き詰めていくためには、まずゴールデングラブ賞を獲らないことには始まらない。まして何年も続けて獲りたいと考えるのであれば、それまで獲り続けてきた人たちの牙城を崩していかなければならないわけで、かなりの努力が必要となる。

ただ、壁を破るための手っ取り早い方法がある。レギュラーとなって出場を続け、エラーをしないことだ。

私はショートのポジションで7回受賞させてもらったが（2004年から2009年まで6年連続、さらに2012年も受賞）、その前に獲り続けていたのはヤクルトの宮本さんだった。実は宮本さんより失策数が少なく守備率で上回ったシーズン（2001年～2003年）もあったのだが、それでも受賞はできなかった。そこで考えたのが「じゃあ手っ取り早くゼロにすれば目立つだろう」。もっと言えば、限りなくゼロに近づけなければ宮本さんを上回ることはできないんだなと思った。

だから最初のうちはとにかく、エラーをしないことにこだわりを持った。宮本さんが5個だったとしても「オレは3個じゃダメ。ゼロか1だよな」と。宮本さんの半分以下の数字に抑えるイメージは常に持っていた。
そうやって２００４年に初めて受賞できたわけだが、今度は「宮本さんは何年も獲ってきた人だから、満足していたらすぐに獲り返されてしまうな」と思った。だからこそ、さらにエラーを少なくすることにこだわった。目標となる人がいてくれたおかげで、守備に対するモチベーションがどんどん高まっていったわけだ。
ポジション別のタイトルとしてはもう１つ、「ベストナイン」もあるが、こちらは「獲れればいいな」くらいの感覚だった（通算では５度受賞）。もともと打撃成績が重視されている印象も強く、守備の部分は選考にあまり加味されていないのかなとも思う。もちろん、「ショートの中で一番打率が高い選手でありたい」という気持ちはあったし、ダブル受賞となれば「ショートとして１年間、しっかりやれたのかな」という自信は生まれる。ただし、こちらがどれだけ高い打率をマークしても３割30本塁打を記録する巨人・坂本選手のようなショートがいた場合、やはり私のようにホームランを打てない身としては「厳しいかな」と感じてしまう。

さて、守備に話を戻そう。
エラーができるだけ少なく守備率が高いに越したことはないが、当然、数字だけでは測れない守備力の高さというものもある。たとえば、普通の選手だったら動けずにすぐ諦めてヒットになってしまう打球であっても、反応やポジショニングが良かったり、さらには足を使って目いっぱい動ける選手だからこそ追いつくことができた、というケースもある。つまり簡単に言えば、守備範囲が広いということだ。ただ一概には言えないかもしれないが、「守備力が高くてヒット性の打球に追いつけてしまったがゆえに、結果的にエラーや悪送球になった」というのは、あくまでもこちら側の言い訳にすぎない。
守備はアウトにするから価値があるのであって、せっかく打球に追いついたのであればやはり最低でもしっかり捕ってほしいし、一度ボールを握ったのであれば、プロなら正確に強いスローイングをしてほしい。そして、アウトにできれば最高だということだ。

また、見た目では測れない守備力ということで言うと、一般的には「飛び込んで捕ったらファインプレー」と思われやすいが、守っているほうからすれば実はそうではない。むしろ私の感覚では、打球に対して飛び込むプレーは「そこが限界です」と宣言しているような気がするのであまり嬉しくない。それよりも打球の予測、体の動きが寸分の狂いもなく上手くいって、確実にアウトを取れたときのほうが嬉しい。何気ないプレーにこそ、ファインプレーが隠れていることは多々ある。

そもそも、打球に向かって飛び込むのは、何も捕れるかどうかギリギリのタイミングのときだけではない。たとえば走者一塁で二遊間寄りのゴロが飛んだケースで、普通にボールを捕ったとしたら二塁ベースまでの間が微妙な距離感になりそうな場合、ショートがあえて打球に合わせて調節しながら飛び込んで捕球し、そこから起き上がったほうがトスをしやすいということもある。また単純に足が動いておらず、倒れ込むように飛び込んだのであれば、ただ守備範囲が狭いだけということも考えられる。

ただ、いずれにしてもファインプレーというのは周りが言うことであって、こちらが定義を決める必要はない。簡単に飛び込むのではなくできるだけ足を使えるようにするなど、より質の高い守備を理解して求めていけばいいのだと思う。

遊撃手の存在感

★いかにチームに安心感を与えて勝たせる存在でいられるか

プロ入り後は内野をすべて守り、外野も経験したが、私の中でショートを１試合守るのと他のポジションを１試合守るのとでは、肉体的にも精神的にも疲労度がまったく違う。

ショートを守るときは「完璧にプレーしないといけない」という思いのもと、１球ごとに気を張って準備しているので、打球が飛んでこなくても疲れる。むしろ打球が来たときのほうが、実際に体を動かせるので楽だ。逆にいつまでも打球が来ず、いつ飛んでくるか分からない状況で試合の後半を迎えたときなどは、ずっと集中力を高め続けているのでかなり苦しい。だから試合が終わるたび、本当に疲れてグタッとなっていたものだ。

ただ、それだけにショートというのはやはり、チームの中心的存在だと思う。そして当然、試合で勝つことにはこだわりを持ってプレーしていた。

たとえばキャッチャーなどは“勝てるキャッチャー”が重宝され、いくら打っても試合に負けたら意味がないという評価を下されることがある。ショートにもそれに近い部分がある。特に私のようにガンガン打つわけではないタイプの場合、打率３割を残そうが、チームを勝たせるショートでなければ「やっぱり長打を打てるショートのほうがいい」と言われかねない。だから個人成績よりもチームの勝敗にこだわり、常に“勝てるショート”でありたいと思ってきた。

そして、勝敗を決める場面での守備などは「絶対に決める」という思いを持っていた。打撃にしても、１試合３～４本打って負けるよりは、勝利を決めるヒットが1本出たときのほうが嬉しいものだ。
　中日時代などはリーグ優勝、そして日本一も経験したが、勝つためにもとにかく「飛んできた打球をしっかりアウトにする」という一心でしかなかった。いい当たりだろうが何だろうが、アウトにしていればピッチャーもストライクを投げやすい。ピンチになるほどピッチャーのリズムは悪くなりやすいので、そこでも安心して投げてもらえるような守備は意識していた。分かりやすく言えば、一番いいのはショートに打球が飛んだ時点で「ハイ、大丈夫」と思ってもらうこと。討ち取った打球なのにポジショニングが悪くてヒットにしてしまったり、捕るまでは良くてもスローイングに不安があったりする選手では、ピッチャーも「三振を取らないといけない」という気持ちになってしまう。

　またピッチャーが「ヒットだ」と思った打球に対して、必死に飛び付くのではなく、足を使って何気なく追いついて捕ることができれば､「まだ行けるじゃん」という精神的余裕を与えることもできる。ピッチャーに不安を与えないためには、どんな状況でも頑張ってきっちりアウトを取るしかない。ショートというのは、そんな完璧な守備が求められるポジションなのだと感じている。

　幸い、私はプロの世界でショートのレギュラーに定着することができた。なぜ私にそれができたのか、ハッキリとは分からないが、いくら年を取っても「もっと上手くなりたい」という気持ちが変わらなかったことは大事だったのかなと思う。有望な若手ショートがたくさん入団してきたが、その存在をあまり気にしたこともない。それよりも「エラーをしたくない」とか「自分のミスで負けたくない」という思いのほうが強かった。
　特に、サヨナラエラーというのは本当に嫌なものだ。実際に経験もあるが、いくらその数が少なかったとしても悔しさはずっと残っているので、二度とそういう思いはしたくない。だからこそ、守備の技術にしても「この感覚があればもう大丈夫だ」ということはなく、「もっと良くしよう」と突き詰めていかなければならない。そう考えていたから、私の場合はベテランになってからムダを省いて、シンプルな守備ができるようになった。

現状に満足せず、もっと上手くなりたいという思いを持ってやらなければ、ショートは務まらない。私はそう思っている。

もっと上手くなりたいと貪欲だったことが、プロの世界でショートのレギュラーに定着することができた理由だ

おわりに

私は、ショートをやってきて良かったと思っている。ショートを守っていたからこそ、いろいろな野球観が生まれたし、野球の勉強もできた。いろいろな状況において「こういうことも考えられるぞ」という選択肢も、普通だったら１つ、２つ程度だったはずが、瞬時に３つ、４つと頭に浮かぶようにもなった。他のポジションしか経験していなかったら、そこまで考えることはできなかったかもしれない。

ショートを守るようになってからは、それまで見ていなかった細かい部分もしっかりと観察するようになった。打者を見て何も分からなかったら、走者やベースコーチを見る。それがダメなら相手ベンチを見て、とにかくどこかに何かヒントが隠れていないか、スキはないだろうかと探す習慣もついた。

そうやっていくうちに、「相手は次に何をやってくるかな」「もしかしたら引っ張ろうとしたんじゃないか」などと予測することにも興味が出てきた。野球をよく知っているかどうかは別として、「事が起こってから検証するのではなく、事が起こる前にそれを知りたい」という気持ちが芽生えてきたのも大きい。そして、たとえば「ああいうときは、あの打者は引っ張って打つんだな」ということが分かれば、あとは次に同じ場面が来たときにそれをスッと思い出せるかどうか。そうやって試合に臨むようになり、ポジショニングなども取れるようになっていった。

またプロに入って教わったのは、走者がいようがいまいが、どんな捕り方でもいいからとにかくアウトにしなければならないということ。そこにもこだわりを持つようになり、久慈さんや鳥越さん、立浪さんなど、歴代ショートの方々を見て学び、追いつけ追い越せという気持ちでプレーした。そして、スタメンで出られるようになってからは「今まで出ていた人たちが最後に守備固めで出てきて、代わられることがないように」という感覚で、さらに守備を突き詰めて考えた。

今こうして振り返ってみると、やはりショートをやっていたおかげで自分の成長があったのだと実感できる。

ショートというのは、漢字で「遊撃手」と書く。一塁手、二塁手、三塁手にはベースの名前がついており、あくまでもそのベース付近を任されている。ただし、遊撃手だけは特別。「遊」の文字が入っているのだから規制なく自由に動き回っていいものだと思うし、どんなプレーに顔を出しても構わない。そんなオールマイティーなポジションだと思う。

だからこそ、特に子どものうちは「全部オレが捕りにいってやる」くらいの勢いを持ってやればいいのではないか。自分の守備範囲の打球はもちろんだが、セカンドゴロもサードゴロも外野フライも最後まで追っていく。それくらい「遊べる」感覚の選手がショートをやっていたら、将来的にすごい選手になってくれるような気がする。

すごいボールを投げたり、すごい打球を飛ばしたり…。そういう部分とはまた違ったショートの守備の魅力を感じ、興味を持つ人が増えてくれれば幸いだ。

井端弘和

撮影協力　NTT東日本硬式野球部

1954年、電電東京硬式野球部として創部。59年に都市対抗野球大会初出場を果たすと、81年には初優勝に輝いた。85年にチーム名をＮＴＴ東京へと改称。さらに99年には本社再編に伴ってＮＴＴグループ内の４チームが統合。ＮＴＴ東京が吸収する形で、ＮＴＴ東日本となる。2011年には都市対抗準優勝。そして17年には２度目の都市対抗優勝を果たした。19年シーズンを含め、都市対抗出場43回を数える名門として知られている。また、数々のプロ野球選手も輩出。ＮＴＴ東京時代のＯＢには与田剛（現・中日監督）などがいる。現役選手では清田育宏（ロッテ）、井納翔一（ＤｅＮＡ）、福田周平（オリックス）、西村天裕（日本ハム）などがＯＢ。

撮影アシスタント　梶岡千晃 コーチ（左）

モデル　丸山雅史 内野手（右）

著者紹介

井端弘和

いばた・ひろかず● 1975年5月12日生まれ。神奈川県川崎市出身。173㎝75㎏。右投げ右打ち。堀越高から亜細亜大を経て98年ドラフト5位で中日入団。2013年のWBC日本代表としても活躍。2014年に巨人へ移籍し、15年限りで現役引退。ベストナインは5度、ゴールデングラブ賞は7度受賞。16年から巨人内野守備コーチとなり、18年まで在籍。侍ジャパンでも内野守備・走塁コーチを務め、強化本部編成戦略担当を兼務。現役生活18年の通算成績は1896試合出場、打率.281、1912安打、56本塁打、510打点、149盗塁。

井端弘和の遊撃手「超」専門講座

2019年8月31日　第1版第1刷発行
2020年7月30日　第1版第2刷発行

著　　者／井端弘和
発 行 人／池田哲雄
発 行 所／株式会社ベースボール・マガジン社
〒103-8482　東京都中央区日本橋浜町2-61-9 TIE浜町ビル
電話　03-5643-3930（販売部）
　　　025-780-1238（新潟出版部）
振替　00180-6-46620
http://www.bbm-japan.com/

印刷・製本／大日本印刷株式会社

ISBN 978-4-583-11235-0　C2075